财务思维
让你的决策更合理

【日】梅泽真由美 / 著

赵艳华 / 译

中国科学技术出版社
·北 京·

Original Japanese title: SIMPLE DE GOURITEKI NA ISHIKETTEI WO SURUTAMENI "FINANCE" KARA KANGAERU!
CHO NYUMON

Copyright © Mayumi Umezawa 2020 Original Japanese edition published by Kanki Publishing Inc. Simplified Chinese translation rights arranged with Kanki Publishing Inc. through The English Agency (Japan) Ltd. and Shanghai To-Asia Culture Co., Ltd.
All rights reserved.

北京市版权局著作权合同登记　图字：01-2020-6993。

图书在版编目（CIP）数据

财务思维：让你的决策更合理/（日）梅泽真由美著；赵艳华译. -- 北京：中国科学技术出版社，2020.12
ISBN 978-7-5046-8883-5

Ⅰ.①财… Ⅱ.①梅…②赵… Ⅲ.①财务决策 Ⅳ.①F234.4

中国版本图书馆 CIP 数据核字（2020）第 209742 号

策划编辑	申永刚　耿颖思	
责任编辑	申永刚	
封面设计	马筱琨	
正文排版	锋尚设计	
责任校对	邓雪梅	
责任印制	李晓霖	

出　　版	中国科学技术出版社
发　　行	中国科学技术出版社有限公司发行部
地　　址	北京市海淀区中关村南大街 16 号
邮　　编	100081
发行电话	010-62173865
传　　真	010-62173081
网　　址	http://www.cspbooks.com.cn

开　　本	880mm×1230mm　1/32
字　　数	110 千字
印　　张	7
版　　次	2020 年 12 月第 1 版
印　　次	2020 年 12 月第 1 次印刷
印　　刷	北京盛通印刷股份有限公司
书　　号	ISBN 978-7-5046-8883-5 / F·908
定　　价	59.00 元

（凡购买本社图书，如有缺页、倒页、脱页者，本社发行部负责调换）

前言

大家好！我叫梅泽真由美，是一名注册会计师。

您是如何理解书名中的"财务思维"？它是否吸引到您了呢？

如果您是财务方面的专家，想进一步加深对财务工作的研究，那么很遗憾，本书可能会让您失望了。

这是因为本书的内容并不是对财务知识的深度挖掘与研究，而是面向非财务专业的商务人士。当面临人生重大抉择、事业的抉择时，财务思维可以帮助您进行更科学的决策。

说起"财务"，许多人会联想到公司财务。公司财务方面的书籍在书店中随处可见。它涉及的主要内容是融资方法和公司价值管理，目标读者是公司经营者和管理层。但事实上，公司财务只是财务管理领域的一部分，只不过在社会上它受到了过多的关注而已。

许多企业对广义上的财务管理并不陌生，它已经成为各个部门的决策工具。在制订计划、方案时，任何部门都可以在财务部门的协助下将计划和方案转化为数字金额，然后提交给管理层，等待他们做出最终决定。

没错！财务思维就是一种能够积极改变未来的决策工具，它简单、实用，放之四海而皆准。财务思维适用于销售、行政以及研究等各种工作。

例如：判断下属提交的方案是否可行，准备开拓新业务，进行设备投资，招聘人才，与客户敲定业务条款等，财务思维几乎适用于所有情况。

当然，财务思维也可以帮助我们在除此之外的个人私事上，用更短的时间做出更明智的决定。

当面临退休后存款不够用的问题时，您会怎么办？

买房子还是租房子？

哪种保险比较划算？

面临这些选择时，您都可以使用财务思维来分析、判断。

财务思维是一种把对未来产生影响的所有事都转化为数字金额，并从转化结果中选择最佳方案的思维。

无论是在工作中还是在日常生活中，我们每一天都要与金钱打交道。金钱已经成为社会生活中不可或缺的一种关系尺度。财务思维用数字金额来衡量各种事情，使我们更容易看透它们的真实本质。

以我个人为例，几年前，我休完产假回公司上班时，把家搬到了市中心。市中心房租高，家里人一直担心我付不起房租，多次表达出对我生活成本的担忧。但是，我对此却丝毫不担心。因为我测算完所有成本后发现，搬家到市中心赢多输少，是最合理的选择。

我的孩子是双胞胎。新家所在区的托儿所对二孩家庭有减免政策，孩子可以免费入所，而原居地的托儿所却没有这项措施。仅此一项就可以弥补房租上涨带来的财务损失。另外，新家所在区的托儿所入所率也非常高[1]。

如果孩子不能入所，为了照顾孩子，我无法出去工作，这样家庭应有的工作收入就会化为泡影。原居住地所属区的工作人员曾告诉我"本区双胞胎孩子一般不会被同一家托儿所录

---

[1] 日本面临着一项严重的社会问题，即有很多孩子达到托儿所的入所条件，却无法入所，这些孩子被称为"待机儿童"。出现这一问题的主要原因有两个：一是很多女性为了生计在生产之后不得不持续工作，无暇看管孩子；二是托儿所数量严重不足。——译者注

取"。如果不满一岁的两个孩子要送到不同的托儿所,那么分别接送他们就会耗费大量时间,我的工作时间会被严重压缩,工作收入也会大打折扣。

为了自己和家庭的未来,我做出了重大决定——带着两个不满一岁的孩子搬家。

"不遗漏+不重复=枚举分析法(MECE分析法)",这是逻辑思维的精髓所在。该原则也同样适用于财务管理。以金钱的视角看问题,做到"不遗漏、不重复",合理决策。

我在"搬家问题"上做到了收集信息不遗漏、不重复,用金钱尺度衡量整体方案,使用财务思维做出了合理的决策。

我是注册会计师,但在公司经营以及个人生活方面,面临重大决策时使用的不是专业会计思维,而是完完全全的财务思维。

在多年的工作中,我从业务计划角度,为公司管理团队献计献策。现在,作为职场妈妈,在有限的时间里管理着自己的公司和会计师事务所。能做到这一点,与熟练运用财务思维密不可分。

请大家不要误会我的意思。我并不是说会计是无用的。会计和财务只是目的不同而已。

会计是一种沟通工具，财务是一种决策工具。

正是因为从事会计工作，我对这一点才有着深刻的体会。

会计是为了向他人汇报，目的是"为了他人"；财务是为了让自己的生活和工作变得更好，目的是"为了自己"。

会计是将过去的事情正确传达出来；财务关注的是未来各种选项可带来什么价值。财务不是根据个人经验或参考其他公司相关案例等似是而非、含混不清的信息做出判断，而是根据各种确切信息做出准确判断。转变思考方式后，做决策的时间缩短了，准确率也提升了。

简而言之，财务思维使用方便，性价比高。

本书首先明确了会计与财务的不同之处。图1中，第1步到第4步是使用财务思维进行分析并做出决策的4个过程。

如图1所示，使用财务思维进行决策时，必须要经过分析成本、捕捉时间差、做比较这一过程。而分解是决策之后展开行动时必不可少的重要一步。

首先，要正确估算成本。无论进行哪种决策，这一步都是基础性工作。

其次，捕捉时间差，将事情转化为数值进行分析。

再次，对比差值，提高决策精度。

最后，通过分解，保障决策内容的顺利实施。

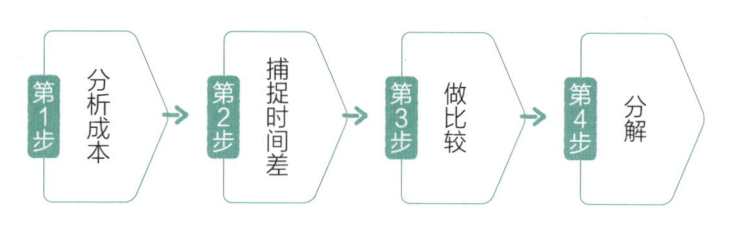

第1步 分析成本 → 第2步 捕捉时间差 → 第3步 做比较 → 第4步 分解

图1 做决策的流程

这一流程与市面上常见的财务方面的书籍有所不同。很多解释财务概念的书都是从时间开始分析。

本书按照"边行动边思考"的思路，从实际出发，按照实际运用财务思维时的4步顺序，在解释了会计与财务的3点区别后，从成本开始分析解读。

在本书的最后，我将通过6个事例说明如何将前4步要素运用在决策过程中,教您通过实践掌握财务思维的使用方法。

财务思维是一项终身技能,对我们的工作和生活大有裨益。若本书能帮助大家掌握财务思维,我感到非常荣幸!

2020年新春

梅泽真由美

目录

第1步　会计与财务的三点区别

- 财务可以灵活运用于所有决策中　　　　　　　　　　　/ 2
  - 数字版逻辑思维　　　　　　　　　　　　　　　　/ 2
  - 财务比会计简单吗　　　　　　　　　　　　　　　/ 3
- 区别一　会计是表格，财务是思维方法　　　　　　　/ 6
  - 只看表面数字，注定会失败　　　　　　　　　　　/ 6
  - 现金流量表与财务思维最接近　　　　　　　　　　/ 8
- 区别二　会计着眼于过去，财务面向未来　　　　　　/ 10
  - 会计是后视镜，财务是前照灯　　　　　　　　　　/ 10
- 区别三　会计是评价，财务是事实　　　　　　　　　/ 12
  - "虚拟"的会计，"实际"的财务　　　　　　　　　/ 12
  - 会计着眼于单个年度，财务着眼于多个年度　　　　/ 14

- 会计思维与财务思维的区别——以买房为例　/ 16
  - 会计思维思考当前，财务思维思考未来　/ 16
  - 应当怎样考虑是否要买房　/ 17
  - 财务思维甚至关注如何筹集资金　/ 19

第 2 步　挖掘看不见的成本
关键词：成本

- 因放弃机会而丢失的利润就是机会成本　/ 27
  - 专职家庭主妇的家务劳动，每年的机会成本约为300万日元　/ 27
  - 工作方式改革也可运用机会成本理论来分析　/ 29
- 把握机会成本，为未来创造销售业绩　/ 31
  - 不设插座的咖啡店的机会成本是多少　/ 31
  - 只看会计数字，难以采取措施改善销售业绩　/ 33
- 排除感情因素进行理性判断，过去花掉的钱就是沉没成本　/ 35
  - "有点可惜"这种想法会让你在撤退时犹豫不决　/ 35
  - 考试和恋爱也都涉及沉没成本　/ 36
  - 财务思维与人的心理正好相反，所以才难以理解　/ 37

机会成本与沉没成本是相反的思维 /38
- **本应忽视沉没成本的商业案例** /41
  典型案例：协和式飞机开发与夏普龟山模型 /41
  要比较未来会发生的成本与收益，而不是比较已发生的成本与收益 /43
- **创造中期诊断的机会** /44
- **灵活运用沉没成本** /47
  灵活利用闲置的场所 /47
  灵活分配空闲人员 /49
- **人工成本是成本构成的重中之重** /52
  最应重视的成本就是人工成本 /52
  考虑培养一位独当一面的员工所花费的机会成本 /54
  最大限度地减少人工作业，寻求降低人工成本的商业模式 /56
- **现金交易会产生相关费用，这是最难发现的隐形成本** /57
- **把时间换算为成本** /60
  估算实际并未发生的金钱交易 /60
  把时间换算为货币数值 /61
- **财务思维不纠缠于费用名目和经营赤字** /64
  不要只关注特定的成本明细 /64
  要理解赤字的真正含义 /65
- **务必事无巨细做好成本预估** /67
  虽然谨慎研究了预期销售额，但是仍会遗漏一些费用 /67

成本问题查漏补缺的两大法宝 /68

第 3 步　捕捉时间差
关键词：时间差

- 尽量减少可带来长期影响的固定成本　/75
  - 是战略发展所需的成本，还是必不可少的成本　/75
  - 固定成本越多，应变能力越差　/77
  - 将固定成本转化为可变成本　/78
  - 服务外包　/80
  - 人工成本是最为固定的成本　/80
- 初始投资是超级固定成本　/81
  - 初始投资起决定作用的平台型商业模式　/81
  - 广告成本通常是可变成本，但也有其他情况　/84
- 投资回收期越短越好　/85
  - 谁都无法预知未来　/85
  - 人们往往倾向于关注初始投资+固定成本的"总成本"　/87
  - 投资回报越早越安心　/90

- ● "钱"会花钱　　　　　　　　　　　　　　　　　　／93
  - 手头持有现金是不可动摇的铁律　　　　　　　　　／93
- ● 在不同的时间里，钱的价值也不同　　　　　　　　　／95
  - 现在的钱和一年后的钱价值不同　　　　　　　　　／95
  - 现在与未来的差距有多大　　　　　　　　　　　　／96
  - 净现值（NPV）是最终到手金额按时间调整后的价值　／97

第4步　对比差值

关键词：对比

- ● 对比就是关注差别　　　　　　　　　　　　　　　　／105
  - 我们在日常生活中会无意识地关注两件事物的不同之处　／105
  - 多角度考察差别　　　　　　　　　　　　　　　　／106
  - 容易出现问题的"预算差额"　　　　　　　　　　／107
- ● 确定公司的"判断标准"　　　　　　　　　　　　　／109
  - 确定最初目的　　　　　　　　　　　　　　　　　／109
  - 用数字形式使各项标准更明确　　　　　　　　　　／109
  - 根据公司战略进行决策　　　　　　　　　　　　　／111

出现多个判断标准时，要确定优先顺序　　　　　　　　　　/ 112

重要的判断标准，要做到全员共享　　　　　　　　　　　/ 113

● **收集所有备选项，最后进行比较**　　　　　　　　　　　/ 115

广泛征求方案，然后逐步筛选　　　　　　　　　　　　/ 115

关注差别，进行对比　　　　　　　　　　　　　　　　/ 117

● **讨论多种方案时，使用"门槛回报率"作为判断标准**　　　/ 119

重视收益率　　　　　　　　　　　　　　　　　　　　/ 119

标准不得低于加权平均资本成本（WACC）　　　　　　/ 119

"内部收益率＞门槛回报率"是必要条件　　　　　　　　/ 121

● **灵活运用净现值与内部收益率**　　　　　　　　　　　　/ 122

投资目标国不同，对投资方案的内部收益率要求也不同　/ 122

并用净现值与内部收益率指标　　　　　　　　　　　　/ 124

● **提前预测意外情况，做最坏的打算**　　　　　　　　　　/ 127

第 5 步　　**分解为各种要素**
　　　　　　　关键词：分解

● **越大的数字越要分解，要按单位数字进行分析**　　　　　/ 132

分解后进行比较	/ 132
计划引进福利制度时，该怎样决策	/ 134
通过分解，加深记忆	/ 135

- **分解后就知道应该怎样行动** / 136
  - 对可控项目进行优先排序 / 136
  - 为什么"购买700日元以上商品"才能获得抽奖资格 / 138
- **分解后可及时进行"定点观测"** / 140
- **分解后变成自己"分内的事"** / 141
  - 分解目标：由谁、做什么、做到什么程度 / 141
  - 为什么应该关注自己负责的那部分数字 / 143
- **公司内充斥着各种关键绩效指标** / 145
- **根据业务类型确定关键绩效指标** / 147
- **从"市场占有率"和"利润率"着手扩大销售额** / 149
  - 分解"市场占有率" / 149
  - 着眼于"利润率" / 150
- **分解也会带来副作用** / 153

第6步　实践篇：将财务思维运用在工作中

- 什么是性价比高的英语学习法　　　　　　　　　　　　／156
- 用财务思维分析营销模式的变化　　　　　　　　　　　／162
- 如何看待简易邮包业务的引进　　　　　　　　　　　　／170
- 如何看待取消公司业务用车，改用共享汽车　　　　　　／179
- 从财务思维角度看共享办公室　　　　　　　　　　　　／187
- 制药企业在印度免费提供治疗药物是否合理　　　　　　／195

结束语　　　　　　　　　　　　　　　　　　　　　　／203

第1步

会计与财务的三点区别

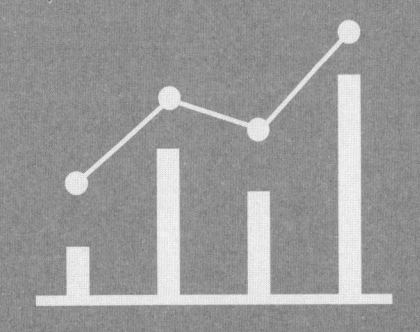

财务可以灵活运用于所有决策中

■ 数字版逻辑思维

"财务思维"是将各种预案对未来的影响进行数字金额转换，对比转化结果并从中选择最佳方案的思维。

在商务活动中，"效果"与"效率"非常重要。财务思维的目的就是用数字来体现效果和效率。它也是商学院里广受追捧的"数字版逻辑思维"。

逻辑思维是包括营销在内的所有科目的基础，财务思维将"金额"纳入逻辑思维中，使逻辑思维更易于理解。

正因如此，财务思维经常出现在职场中，例如更换办公设备、开拓新业务、招聘新人等，也会出现在个人生活中，例如买保险、买房和给孩子报辅导班等。如图1-1所示。

第1步 会计与财务的三点区别

图 1-1 财务思维的概念及应用

财务思维的概念	将各种预案对未来的影响进行数字金额转换，对比转化结果并从中选择最佳方案的思维	职场	·判断新方案时 ·决定设备投资时 ·开创新业务时 ·招聘新人时 ·制定福利政策时 ·引进新的沟通工具时等
		个人生活	·买保险 ·买房子 ·给孩子报辅导班等

▪ 财务比会计简单吗

在进入本章内容前，您应该事先了解一件事。

那就是，日本人几乎没有机会去学习与金钱有关的知识，所以很少有人能熟练运用财务思维。

不仅是你自己，大多数商务人士对财务知识或完全不懂，或一知半解，或多有误解。所以，我们要沉下心来从零学起。

在日本,"财务"一词大概在2010年后才活跃在大众视野里。在此之前,只有公司财务等部分财务方面的知识才受人关注。

2015年,为提高企业的国际竞争力,促进企业管理的合理、公正发展,日本出台了《上市公司治理准则》(以下简称《准则》)。在它的推动下,行业开始从资金层面分析公司价值。但是,财务管理作为《准则》的基础,竟没有在商务人士中得到普及。

实际上,会计比财务要难很多。作为专业的注册会计师,我很肯定这一点。

在日本,会计相关标准很多,比如固定资产减值会计标准和金融商品会计标准等,其表现形式应符合日本的《公司法》和《金融商品交易法》等法规要求。

如果大家知道这些规则,当然可以"读懂"会计,如果不知道,就很难理解会计知识。因此,在公司,只能由专业的会计部门负责会计业务。

换句话说,会计是专业性较强的领域,公司部门一般由财

第1步
会计与财务的三点区别

务会计人员或注册会计师负责。经济杂志上的会计特辑、书店里面摆放的会计书籍和资料的专业性太强，其中大多是面向会计从业人员的内容，对普通商务人士来说很难理解。

作为本书读者，相信您一定了解一些会计方面的基本知识。例如："财务报表包含损益表（PL）、资产负债表（BS）、现金流量表（CF）""损益表有5种收益类型，其中与自身业务相关的是经营收益这一项""我虽然看不懂资产负债表（BS），但我能看懂损益表（PL）"。

这些基础会计知识比财务知识要难得多。如果我们已经掌握了基础会计知识，那么在学习财务知识的过程中，基础会计知识会成为我们很大的优势。

在前言中，我提到会计是为他人服务的，财务是为自己服务的，这是用途上的区别。下面我将详细解释会计与财务之间的区别。

首先，请注意财务与会计的对比，这样才能逐步看清财务世界的真实面貌。

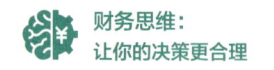

> **❗要点**　财务思维是将各种预案对未来的影响进行数字金额转换，对比转化结果并从中选择最佳方案的思维。

区别一　会计是表格，财务是思维方法

▪ 只看表面数字，注定会失败

提到会计，我们会想到什么呢？

我想很多人会想到损益表。这的确是会计的本质所在。可以看出，会计有外在的表现形式。

许多人努力学习"会计三表"，即损益表（PL）、资产负债表（BS）和现金流量表（CF），也就是我们平时说的"会计报表"。

会计报表是会计工作的成品，作为最终结果提供给公司外部查看。因为这些报表很容易得到，所以很多人热衷于研究这些报表。

顺便说一句，如果说会计工作的目标是会计报表，那么它的工作过程就是簿记，簿记具有"记账"留证的作用，因此，负责簿记的会计人员也很有必要学习一些财务知识。

但是，财务没有外在形式，它只是一种分析方法。或许正因为这样，很多人很难把握它，他们更倾向于从计算公式中寻找答案。

学习过财务知识的人可能接触过"折现值（PDV）"和"加权平均资本成本（WACC）"这两个术语。因为学习财务知识需要一定的数学基础，所以许多人知难而退，最终也没有学好。

其实这种从公式开始学习的方法存有弊端。比如，我们背诵历史年号，如果先学习相应的时代背景，年号就容易记住。许多人对此应该深有体会，但是一涉及财务知识，他们还是会下意识地去寻找公式作为学习的入口。

学习财务知识就像学骑自行车。我们应将财务视作一种"思维方式"，而不是详细的规则。像骑自行车一样，一旦掌握了这项技能，就可以随时使用。

会计是详细规则的集合，因此往往容易被忘记。从这个意义上讲，财务思维对于商务人士而言是一项终生受用的技能。

■ 现金流量表与财务思维最接近

会计与财务似乎越来越相似了。

在日本，现金流量表是近年来出现的一种新型报表，大概20年前从上市公司开始逐步普及。那时，投资者和相关人士想了解具体的现金储备状况和现金使用情况，而损益表和资产负债表看不出现金流的情况。于是，现金流量表由此诞生。

我们将现金和存款放在保险柜和银行里，它们的内容和金额在存折上一目了然，怎样都无法蒙混过关。这种真实的信息可以反映出公司真实的情况。也就是说，现金流量表虽然以报表的形式呈现在我们面前，但是它所反映出来的思维方式与财务思维非常接近。

在商业杂志的财务报表特辑中，你会发现现金流量表占据的篇幅非常少，这与现金流量表没有琐碎的规则有很大的关系。与之相对，资产负债表和损益表中项目众多，说明事项繁杂。这种报表中丰富的表现，如果能以出版物形式展现，该出版物可能会成为畅销书。

除了现金流量表外，还有很多新的会计名目，例如"损益会计""退休福利会计"和"金融工具会计"，这些新名目让人一听就皱眉。它们是2000年前后日本会计制度改革"会计大爆炸"之后的产物。很多公司的会计负责人对这些新的会计名目也很头疼，因为这些新名目里面包含了大量财务理念。

可见对于从事会计工作的专业人士来说，财务是一个不同的领域。

如果您在本书中学会了财务思维，那么就掌握了其他人尚未掌握的技能，就可以担任其他人的领导，带领他们不断前进。

> ❗ **要点** 学习财务不要死记硬背，而应像学习骑自行车那样，采用身体记忆法，将这种思考方式融入自己的身体里。

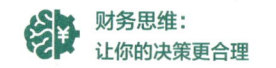

区别二　会计着眼于过去，财务面向未来

▪ 会计是后视镜，财务是前照灯

会计是记录公司过往经营活动的一种方法，簿记则是记录的规则和做法。如果每家公司都随意记录自己的经营活动，公司与公司之间就无法比较。无法比较也就无法确定他们的记账方式、记录内容是否准确。

而财务是决策未来发展的一种方法。

手头的资金将来会产生多少收益？这些收益什么时候出现？财务关注的是这些未来发生的信息。财务旨在以这些信息为基础做出合理的决策。

我们工作中经常用到的"预算管理"就是财务管理的一种。首先设定未来的目标，然后制定达成该目标所需要的预算，进而实施进程管理，确保实现最终目标。

会计和财务的关系就像"互相对照的两面镜子"。

要使用财务知识预测未来可能出现的数字，就必须以会计收集的过往数字为基础。

只不过,这两面相互对照的镜子的方向迥然不同。我在迪士尼公司工作时认识的一位上司,后来成立了自己的公司。他把经营比作开车,说道:"会计是后视镜,财务是前照灯。"

要看行驶过的风景就用后视镜,要看前进的方向就用前照灯。这两者对于安全驾驶来说不可或缺。两者没有优劣之分,只是作用不同。

当时我在公司负责财务工作,这位上司曾多次对我说:"请你充分发挥'前照灯'的作用,照亮前方,保障公司的安全行驶。"

我把这句话看作来自一名精通财务管理的企业家的金玉良言。

> ❗ **要点** 以会计收集的过往数字为基础,使用财务思维预测未来数字。

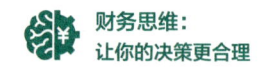

区别三　会计是评价，财务是事实

■ "虚拟"的会计，"实际"的财务

曾有人说"现金是事实，利润是评价"。

"利润是评价"讲的是会计，"现金是事实"讲的是财务。规则的操作方法不同，会计表现也会不同，因此它属于"评价"。而财务关注的是现金，它是一种普遍事实，因此财务属于"事实"。

换言之，会计是虚拟的，财务是实际的。

会计记录过往经营活动，规则不同，其数字表现也会不同。

"折旧"就是一个很好的例子。学过会计的人都知道，折旧方法主要分为"定率法"和"定额法"[①]两种。选用的方法不同，摊销成本的金额也会有所不同，进而影响利润额。

[①] 各国的会计制度不同，方法名称有所不同，"定额法"与我国会计制度中的"年限平均法"较相似。——译者注

用哪个是选择的问题。不管实际利用率怎样，只要在规则范围内选择其中的一种，就可以改变利润额。

会计记账中，费用和利润项目的处理方式与货币的实际流动有所不同。

其中比较有代表性的就是"应提费用"和"应计收入"。不论现实中有无现金交易，会计做账时，都会把它作为实际发生的金额处理。

最通俗易懂的例子还是折旧。例如，购买机械等可折旧资产时，会计在计提折旧资产的同时，还会按照一定的年限计提折旧费用。而实际上，折旧费用本身是一个虚拟的数字，在现实经营活动中并未发生资金流动。

与会计不同，财务只关注什么时候有现金出账和入账。

购买折旧资产时，如果仅从资金的进出考虑，一次性付清货款，那么之后出账款项为零。财务不会像会计那样计提折旧费用。如果该资产一直没有收益，那么无论何时，入账资金都是零。

■ 会计着眼于单个年度，财务着眼于多个年度

会计和财务对于时间的界定也不同。

会计受到严格的规则约束，不可随意更改。"会计年度"通常定为一年，例如每年4月1日到第二年的3月31日。

企业的业务活动往往会跨越会计年度持续进行。受到会计年度的时间节点限制，企业可能不得不借用会计人员的技术调整相关账目。在这种情况下，企业经营业绩很大程度上会被会计调账技术和方法左右，难以体现真实的经营情况。

举个不太吉利的例子。公司有大量员工离职时，会计会怎样做账处理呢？

因为出现了大量离职人员，单看该会计年度，就会发现存在大量离职费用支出，损益表出现严重赤字。从表面上看公司业绩恶化、状态堪忧。但是，从下一个会计年度起，离职人员的工资支出没有了，人工成本负担将显著改善。销售业绩只要没有恶化，损益表中的利润额将会增加。股票市场对此会持欢迎态度，公司的股价也会随之上涨。

第 1 步
会计与财务的三点区别

　　我们不仅可以从年度损益表看出这一趋势，还可以从资产负债表中预测未来发展趋势。从这个例子可以看出，会计只关注单个年度的情况，难以窥见真实的业务情形。

　　虽然我提到过现金流量表的制作基于财务思维，但股票投资者大都是在确认销售活动、投资活动和财务活动这三大现金流均衡发展后才决定买入公司股票。因为只有这样，股票投资者才能挖掘隐藏在会计记账凭证里面的真实情形。

　　如果看不到企业的真实状态，企业相关人员的判断、决策就容易产生纰漏。因此，财务思维摒弃了会计年度的单个年度界定方式，着眼于"未来的状态"，采用多个年度的界定方式。

　　用财务思维来分析员工离职的案例，我们可以看出，该企业"今后长期固定成本已降低"。

> ❗ **要点** "现金是事实，利润是评价。"

会计思维与财务思维的区别——以买房为例

■ 会计思维思考当前，财务思维思考未来

我们每个人随着年龄的增长，都会形成自己特定的思维模式。

例如，我在前言中介绍过我的家人，他们比较看重眼前的事物。具体来说，他们只关注自己习以为常的房租，使用的是会计思维。

而财务思维关注的是包括房租在内的各种成本，这些成本在将来会给生活整体带来怎样的影响？对将来的储蓄有什么影响？它还关注租房人失去工作导致的收入损失等看不见的金钱。

下面我们借用日常生活场景来看一下会计思维和财务思维之间的区别。

通常，年轻人很少考虑自己年老后的情形。尤其是刚踏入社会，还没有结婚生子的人，他们可以掌控自己的生活，每月工资可以随意处置。他们往往认为只要每月收支可控，就不会出现太大的问题，并且这种生活还可以持续下去。在某种意义上，这是一种"得过且过"的生活方式。

思考资金问题时，只考虑一个月生活所需的资金，这是会计思维的特点。这就像翻看家庭记账本，确认"本月是否亏空"一样。这也可以看作只看会计损益表的损益思维。

然而，这种只顾眼前利益的做法是无法进行财产管理的。财产管理需要用到与损益思维完全不同的财务思维。

我们不仅要重视现有资金，还要重视将来的储蓄情况。

现有资金对未来发展是否有用？像这种着眼于未来考虑资金使用方法的思维就是财务思维。

■ 应当怎样考虑是否要买房

从年初到年末，人们总因租房还是买房的问题而产生争论。因为涉及个人价值观，所以我无法断言各种观点的优劣。我们可以把买房时的优缺点和租房时的优缺点分别罗列出来，对比结果后自己决定即可。

让我们看一下夫妇之间讨论"是否要买房"时，会计思维和财务思维的不同。

"不管你付了几年房租,最后还是一无所有。这种行为太愚蠢了。"说这种话的人,即使是在会计思维中,也是比较另类的人。这种人看到了楼盘广告,发现现在的房租与住房贷款的月还款金额相差无几,于是发出这样的抱怨。在我们来看,这个人没有考虑到固定资产税、物业费、房主维修基金等其他费用,并没有完整地把握买房成本。

因此,这种人才会说出"我付出这么多,到最后什么东西都没得到"这种话。他认为付钱后就应该有回报,并且这种回报只能是可见的有形财产。

实际情况并非如此。无论是租房还是买房,付款只是为了居住,能够居住才是价值所在。这是住房的本质。

现在"共享经济"很流行,不少人从买房转向租房。但是仍然有人坚持租房不划算,他们无法把租来的房子当作自己的房子。

买房派中有人主张"如果房子不住还可以卖掉,不会有太大损失"。但是事实上他们的房子不一定卖得出去。我听说曾被人们寄予厚望的日本某新兴城市，房子根本卖不出去，最后变成了空城。

不要武断地认为房子一定卖得出去，而要根据各种可能性和选择做出判断。这就是财务思维。

如果买一套公寓，把它租出去会有多少房租收益？这一观点是财务思维的体现。

财务思维建议我们计算居住时和出租时的收支对比情况，再决定要不要买房。也就是说，要考虑到房子未来的价值，进行合理预测。

认为每月付房租很愚蠢的人，目光短浅，只看到眼前，对自己以后的发展漠不关心。

目光长远的人，也并非只看将来不看现在。要想考虑以后的事情，就必须认清当前的形势。很多具备财务思维的人，也具备会计思维，他们可以灵活驾驭当前与未来。

▪ 财务思维甚至关注如何筹集资金

买房时，大多数人都面临如何筹措购房款的问题。富裕的家

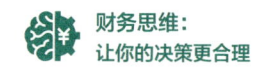

庭不用担心钱的问题，但这种家庭在现实中屈指可数。因此，要不要背负长期贷款买房这一问题就成了买房族最重要的课题。

首先用财务思维分析一下这一问题。

办理住房贷款时，通常要付首付款。但是我们不要向贷款公司支付太多首付款。如果手里有700万日元存款，不要全部用作首付款。我们可以拿出其中的400万日元作为首付。因为每个家庭都需要留出一部分备用金，以备不时之需。

很多日本人有"在家放现金"的习惯，他们觉得手头没有现金就没有安全感。我曾看到某投资入门书中提到过"要想投资，起码备足6个月的生活费"这样的观点。日本人喜欢在手头留有大量现金的行为，大概也是出于这种想法。

除了住房贷款，从第三方（例如金融机构）筹措大量资金是非常困难的，也很费时间，所以手头留有部分现金是很正常的想法。不管怎么说，可以自由支配的资金才是最好的保障。另外，金钱也是最方便的衡量尺度。这种想法就出自财务思维。

确定首付款的金额后，要看自己能拿出多少钱，能从其他地方借多少钱。想一下筹措房款时怎样做可以无须成本或降低成本，比如跟父母借钱，或者查一下怎样做才能免交赠与税①等。

经常有人问我固定利率和浮动利率哪种方式更划算。其实，利率的变动很大程度上受经济形势的影响，所以从某种意义上说，谁也不知道哪种利率更合算。与其烦恼还款方式，还不如考虑一下，除了住房贷款，是否还有别的筹钱方式。

能否筹措到资金，能否想到最合算的方法，这些都是个人能力的重要体现。

在筹措房款时，我们会面临各种选择，需要做出各种判断：

有自己的房子，可以节省租房费用。

即便自己不住买的房子，也可以租给别人收房租。

地段好的话，还可以高价卖出。

这就是财务思维，它考虑到节省成本的问题，着眼于未来收益，掌握所有收支情况。

> ❶ **要点** 会计思维得过且过，只看眼前；财务思维考虑多个方案，展望未来（图1-2和图1-3）。

---

① 指日本政府对财产赠与征收的一种税。——译者注

财务思维：
让你的决策更合理

会计思维 得过且过的想法。

丈夫
> 不管付了多少年房租，到最后自己什么都没剩下。简直太愚蠢了！
> 如果房贷还不上，就把房子卖掉。

财务思维 考虑房子未来的价值走向，从资金上做长远考虑。

妻子
> 假如买了那间公寓，对外出租的话，一年能租多少钱？
> 如果离车站近，可能好卖。

调查最适合自身情况的资金筹措方法。

妻子
> 我只想用一半存款来付首付款，不够的可不可以从父母那里借？

妻子的父母
> 给孩子借多少钱，他们才不用交赠与税呢？

图 1-2 关于是否要买房，会计思维和财务思维的不同分析

区别 1

会计是表格
财务是思维方法

区别 2

会计着眼于过去
财务面向未来

区别 3

会计是评价
财务是事实

图 1-3　会计与财务的区别

第 2 步

挖掘看不见的成本

关键词：成本

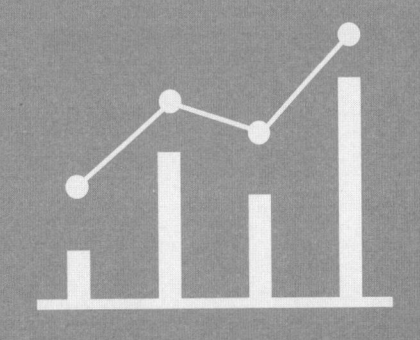

在财务看来，与估算收益相比，更重要的是挖掘看不见的成本，并且把它们准确估算出来。

财务思维就是通过数字进行决策。下面从如何估算收入和成本开始为大家讲解。

准确估算销售业绩等收益情况固然重要，成本估算也不可忽视。销售业绩能做到多少，很大程度上取决于客户。但是，成本能控制到什么程度，却是自身管理的问题。所以与收益相比，我们更容易准确地估算成本。然而，检查得越仔细，就会发现成本越多，于是人们往往不愿去彻查成本问题。其结果是经常出现意想不到的成本，导致人们做出错误的决策。

因此在这里，我们就从容易被人们忽视，但又不可被忽视的成本问题说起。

在财务管理方面，对成本的理解和把握与会计有很大不同。简而言之，财务挖掘看不到的成本。实际上，很多没有支付的款项也属于成本范畴。

最具代表性的就是财务管理中的两大成本，即"机会成本"和"沉没成本"。

对这两种成本概念的理解是正确运用财务思维的重要一步。

在此基础上,我再为大家介绍影响投资方案能否通过的"人工成本""现金成本"和"时间成本"。

忽视成本,会导致人们在人生和公司的重大决策中犯下很严重的错误。因此,我们要准确把握成本问题,避免重大决策失误。

关键词:成本

因放弃机会而丢失的利润就是机会成本

- **专职家庭主妇的家务劳动,每年的机会成本约为300万日元**

面临多个选择时,如果放弃可以得到收益的选项,而选择其他选项,那么放弃掉的这些收益就是机会成本。正因为选择了其他选项,才会导致利益丢失,这些丢失的利益就是机会成本。前言中介绍过，如果因为孩子不能及时入园导致我无法工作，那么我的工作收入就没了，这部分收入就是机会成本。

麦当劳每个月都会提供限时促销产品。一般来说，这些产品的供销都比较平衡，不过也有时候销售远远超出了预期。如果3000家连锁店推出的促销活动中，销售额都超出预期，那么很可能因为订不到原材料而导致缺货。在这种情况下，机会成本指的是如果原材料丰富并且产品可以持续销售的话本应获得的利润。

机会成本的常见案例是专职家庭主妇的家务劳动成本。有人认为家务成本是不存在的。下面我就从机会成本的角度来分析这句话的错误之处。

在家从事家务劳动的人，因为选择辞掉工作照顾家庭所以才失去了收入。如果她们选择到外面工作，就会获得工资收入。这些工资收入就是专职家庭主妇的机会成本。几年前，新垣结衣（饰演森山实栗）和星野源（饰演津崎平匡）主演的电视剧《逃避虽可耻但有用》（TBS电视台）曾轰动一时。星野源与新垣结衣签订了"婚姻契约"，他给新垣结衣发工资。星野源的台词是"家务劳动,也应享有对等的报酬"。星野源应该比较了解机会成本,所以才会每月付给新垣结衣19.4万日元的薪水。

一项全国调查显示,如果按照机会成本的思路将家庭主妇的工作内容转换为货币金额,则每年约为300万日元。它就是机会成本的数字金额。

电视剧中主人公的确给妻子发了薪水,但现实中人们很少会为机会成本支付费用。因此,在会计报表中往往不包含这项费用。机会成本是无形的,它只存在于财务思维中。

■ 工作方式改革也可运用机会成本理论来分析

机会成本理论可以用来解释近年来正在进行的工作方式改革。

最近,日本有一部分公司在实行一种"加班削减补贴"制度。这一改革旨在通过变革工作方式,减少员工的加班时间。

在此之前,员工加班,公司需要向他们支付加班费。但现在,公司并不鼓励加班。这种改革的合理性暂且不论,那些靠加班费补充工资收入的员工却并不买账。即便他们明白工作方

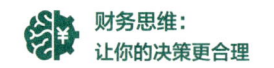

式的变革很重要，不加班可以早点回家陪孩子，也可以利用晚上时间给自己充电，但在加班费的诱惑下也就顾不上那么多了。

工作方式改革有多种形式，其中相对成功的案例包括给减少加班时间的员工支付适当的补贴，或者提高基本工资，使员工到手工资总体变化不大等。

但是，从公司的角度来看，即便缩短了工作时间，人工成本也不会改变。如果员工还是按照原来的方式工作，那么工作量和成果势必减少，公司便会亏损。因此，很多公司在采取措施、调整薪水的同时，还积极引进各种工具，提高员工的工作效率。

很多员工靠加班费补贴薪水，所以如果公司不在薪水方面下点功夫，那么就很难给员工满意的交代。

这个案例说明我们在做判断时，会无意识地考虑到金钱问题。

> ❶ **要点** 机会成本是只存在于财务思维中的无形成本。

第 2 步
挖掘看不见的成本

关键词：成本

把握机会成本，为未来创造销售业绩

■ 不设插座的咖啡店的机会成本是多少

让我们用商业经营的观点来认识一下机会成本。

我家附近的咖啡店最近在重新装修。装修后比原来增加了单人座，桌子上还安装了插座，于是进店边喝咖啡边用笔记本电脑的客人多了起来。

这样装修的原因是，像"游牧民"一样没有特定办公地点的人越来越多。那些整天在外面进行营销的销售人员，他们在访问客户期间，往往会用笔记本电脑在咖啡店处理工作事务，像这样的单人顾客越来越多。

事实上，在咖啡店，两人以上坐在一起聊天的情形并不多，大部分客人都是自己单独坐在那里，边喝咖啡边做些什么。因此，咖啡店在重新装修时，撤掉了很多双人座，把它们改为单人座。

只要不改变吧台的座位数,那么不论是单人座,还是双人座,桌子的数量都不变。双人座是一张桌子配两把椅子。如果都换成单人座,一张桌子只配备一把椅子,那么座位数自然会减半。

乍一看,这似乎违背了饮食行业"座位数决定销售额"的铁律。但是从顾客来店的目的来看,很明显单人座的利用率更高。

另外,虽然过去安装插座的咖啡店不多见,但是如今插座已成为咖啡店的标配。即便不是所有座位都有插座,但靠近吧台的座位上肯定会安装插座。

曾经有人提出:①如果安装上电源插座,客人往往长时间坐着不离开,客流量就会降低。②设备投资费用怎么算?每位客人的单次消费额会相应提高吗?

在犹豫中,周围的咖啡店纷纷安装电源插座,抢夺了很多客源,而后知后觉的咖啡店则面临客人越来越少的窘境。

如果在店内安装插座,客流量降低是客人进店后的问题。如果不安装插座,客人甚至都不会进店,有的客人进来后发现没有插座又会转身离开。

客人进店后，至少会点一杯饮品。有时那些长坐不起的客人还会点些吃的，有的客人还会点两杯饮品。

当然，也有一些客人停留时间很长，却不点单。本来某段时间内应该有3批客人，现在只能有2批。本来可以卖掉3种商品，现在只能卖掉2种。

但是，如果没有客人会怎样？那就会连一件商品都卖不出去。

"客人长坐不起的话，我们的确很为难"，这是店家的心里话。但是，不管怎么说，能让客人进店、入座才是最重要的。

餐饮行业里，提高客流量是经营中的黄金法则。不过，从机会成本角度看，因为没有安装插座导致客源流失、收益减少，显而易见是得不偿失的。我想，此后肯定不会再有餐饮店不安插座，忽视单个客人的需求了吧。

■ **只看会计数字，难以采取措施改善销售业绩**

以配送新鲜食品而闻名的日本Oisix公司，最近正在研究

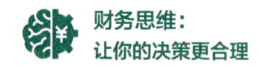

客户为什么会从购物车中取消某件已选商品。通过此项研究，他们不仅了解客户想要购买什么商品，还可以掌握客户不想买什么商品。

他们推测客户不选择这种商品的原因，对存在的问题进行分析和改善，并向客户推荐其他商品，这样可以提高未来的销售业绩。

然而，仅查看眼前的销售额，很难得到以上重要的信息，会计记账本中的销售额也不包含这类信息，这说明机会成本是一种隐性成本。

因此，在经营活动中，首先要像安装插座的咖啡店或日本Oisix公司一样，观察并掌握顾客的动向和意图。在此基础上，粗略计算出机会成本的大致金额。如果数额较大，就要采取措施予以改善。

> ❗ **要点** 考虑到机会成本因素，建议不要从提高客流量入手，而是通过其他办法增加销售业绩。

关键词：成本

排除感情因素进行理性判断，过去花掉的钱就是沉没成本

■ "有点可惜"这种想法会让你在撤退时犹豫不决

下面为大家解释一下沉没成本。

沉没成本是已经支付且无法收回的成本。简而言之，就是过去花掉的钱。

具体来讲，哪些成本属于沉没成本呢？

假如你得到了一些会议引导手册，并报名参加了从早到晚的研讨会。可是，当你实际参加研讨会时，却发现会议内容与你当初看日程表时设想的情形相差甚远。如果直至晚上都坚持参加这种会议，你肯定会痛苦不堪。但是，你已经支付了30000日元会费，即使中途离开，会费也不会退还。你别无选择，只好继续待在并不感兴趣的研讨会会场，一直忍受到晚上。

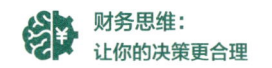

在这种情况下，很多人为他们支付的会费感到"可惜"，认为不坚持到最后就吃亏了。如果是多场研讨会，就要无一遗漏地去参加，如果是单场研讨会，就要坚持到最后，这样才是"赚到"。即便没有赚到，也不至于吃亏。

但是，这个想法完全错了。如果发现这里没有你付费时所期待的东西，还坚持不走，反而是自己的损失。相反，中途离开才是明智的选择。

如果那里没有你期待的东西，即便你以"浪费掉太可惜了"为由继续待在那里，你也永远得不到自己想要的东西。相反，趁早离开，着手开始做别的事情对自己来说才是一件好事。

■ 考试和恋爱也都涉及沉没成本

考试也涉及沉没成本。比如，你高中复读一年后仍然没有考上心仪的大学，周围的人劝你"反正都复读一年了，要不再复读一年吧，这次肯定能考上"，结果第二年复读后仍旧没考上，你成了不断奔波在复读路上的考生。

恋爱也一样，好不容易谈到现在，如果分手，还要跟新的人从零开始,因此很多人最后选择了自己并不喜欢的人,结婚后开始后悔。

世上有很多例子能证明忽略沉没成本会让人变得更好。从这个意义上讲,在人生的各种境遇中,沉没成本似乎总会导致恶果出现。

这样的案例层出不穷,说明了人们难以从心理上逃离沉没成本的藩篱。这是因为人总是生活在过去的延长线上。

只要活着,就会花费时间和金钱。人们会把钱花在自己认为重要的事情上,即便是偏离了当初的计划,也不会轻易收手。

■ 财务思维与人的心理正好相反,所以才难以理解

沉没成本是个很难理解的概念。即便明白它的字面意思,情感上却很难把握。这是因为财务思维与人的心理恰恰相反。

在多数情况下,财务思维要把人们付诸感情的事物换算成金额来衡量。但唯一的例外就是沉没成本。

人们在得到某个物品、接受某项服务或获得某种体验后,按照对价原则需要支付金钱。已经付了钱,却要放弃这些商

品、服务或体验时，人们就会觉得十分可惜。

"沉没成本是财务思维。"

"忘掉花掉的钱，这对自己来说才更合算。"

因为财务思维与自己根深蒂固的想法对立，所以即便有人这样劝自己，我们也很难听进去。

要想理解沉没成本，首先要明确它是一个与我们的自然情感相对立的概念。要排除个人情感，用理性思维去理解。否则，你将难以驾驭它。

■ 机会成本与沉没成本是相反的思维

机会成本与沉没成本在某种意义上是相反的思维。

我在上文中提到，虽然专职家庭主妇的家务劳动表面上算作零，但如果将它视为机会成本，则每年应有300万日元左右。女性决定做家庭主妇的那一刻起，就发生了300万日元的机会成本。因此，女性在决定要不要外出工作时，就应该意识到这300万日元的问题。

再强调一遍，机会成本是做决策时必须考虑的成本。

关于沉没成本，我在前面讲过，虽然该费用已实际产生了，但请不要再管它了。

注重实际上并未发生的机会成本，忽略实际上已发生的沉没成本，在我们普通人看来，似乎有些不可思议，因为我们对于机会成本与沉没成本的印象恰好相反。

这是因为，不管是机会成本还是沉没成本，它们都不是我们习以为常的思维方式。也正是因为这一点，财务思维才难以被人们接受。除了术语晦涩难懂，财务思维还与我们自小养成的思维习惯背道而驰。

但是，如果不能很好地理解机会成本和沉没成本，不管是管理业务，还是管理家庭，都难以做出正确的决定。

如图2-1所示，以参加研讨会为例，来帮助大家理解沉没成本和机会成本的区别。

> ❶ 要点　重视机会成本，忽略沉没成本。

财务思维：让你的决策更合理

❗ 沉没成本是不管怎么做都于事无补的过往成本

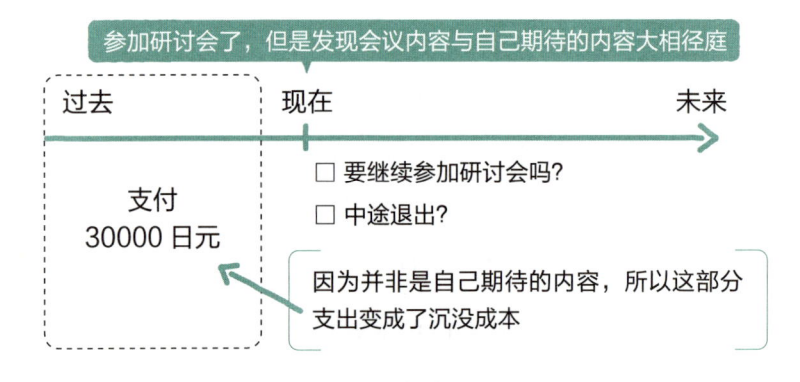

参加研讨会了，但是发现会议内容与自己期待的内容大相径庭

过去　　　　现在　　　　　　　　　　　未来

支付
30000 日元

☐ 要继续参加研讨会吗？
☐ 中途退出？

因为并非是自己期待的内容，所以这部分支出变成了沉没成本

❗ 机会成本是选择另一选项时会得到的收益（好处）

影响	参加研讨会	不参加研讨会
好处	掌握知识	·日常业务继续进行 ·不产生交通费、参会费
坏处	·日常业务不能继续进行 ·产生交通费、参会费	学不到知识

不参加研讨会时的机会成本

参加研讨会时的机会成本

图 2-1　以参加研讨会为例对比沉没成本与机会成本

40

关键词：成本

本应忽视沉没成本的商业案例

■ **典型案例：协和式飞机开发与夏普龟山模型**

在商业领域，因为不舍得浪费已投入的成本，所以难以做出退出项目的决定的案例比比皆是。

例如，为期待已久的设备投入了大量资金之后，在项目进行过程中，外界情况突然发生变化，导致即使继续投资并完成项目也无法获得预期效果。投资方虽然明白这一点，却仍然无法果断退出。他们往往觉得"太可惜了""好不容易走到了今天这一步"，中途退出太吃亏了。即便感到惋惜，却也于事无补。如果不抛掉情感阻碍，将很难做出正确决策。

商界最著名的沉没成本案例是英国和法国联合开发的协和式飞机项目。协和式飞机于1976年首航，是一种超音速客机，飞行速度是当时波音飞机的2倍左右。

当初投资人将其定义为完全不同于普通客机、划时代的

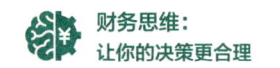

"梦想飞机"。但由于它的燃油经济性差、噪声大且载客量较小，因此被市场评估为低效飞机。

另外，普通机场的跑道距离难以满足协和式飞机起降所需。该飞机某些地方与常规客机有着本质的不同。

虽然开发费用巨大已经是众所周知的事实，但是，开发者受其速度魅力的影响，没有及时中止并退出该项目。也就是说在开发过程中，开发者虽然发现了上述缺点，但是并未停止开发。

这说明，他们并没有掌握沉没成本的概念，而是认为如果放弃项目，那么之前花费的开发费用就都浪费了。

最后，虽然完成了样机，但当时很多航空公司纷纷取消了之前的订单，导致该项目最后只生产了16架飞机。价格昂贵和运行成本高是该型飞机的瓶颈所在，最终该项目并未取得预期效果。

协和式飞机项目失败后，在心理学上诞生了一个新的术语——协和效应。它是指人们纠缠于已经发生的费用或成本，明知无法取得预期效果仍不肯回头的意思。

在日本，谈及沉没成本时往往会引用夏普液晶工厂这一经典案例。龟山屏曾以出色的品质风靡一时，于是夏普公司决定新建工厂来生产这种液晶面板。然而在工厂即将建成时，龟山屏的销售高峰已过，公司陷入了过度竞争的窘境。虽然在建造工厂时，他们已经发现市场萎靡的端倪，但决策层难以说服自己及时止损，而是决定继续建设新厂。

结果可想而知，销售业绩没有提升，生产规模不断收缩，设备投资打了水漂。企业陷入经营困难，最后被中国台湾的鸿海集团收购。

- **要比较未来会发生的成本与收益，而不是比较已发生的成本与收益**

再重复一次，沉没成本这一概念表达的是：在决策时不可纠缠于过往。因为过往已成事实，无法改变。

因此，我们应忽略已发生的费用，去关注、比较未来会发生的成本以及将来的收益，最后判断是否继续前进。

就协和式飞机而言，企业内部面临的是追责问题。由谁决定中止开发？中止开发意味着承认决策失误，那样的话由谁来

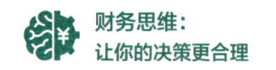

承担责任？最终似乎没有人对这笔巨额投资的失败负责，而且企业似乎并不想追究责任归属问题，事情就这样不了了之了。

人们最乐于维持现状。改变现状的决策会产生心理负担，这也是一种成本。特别是组织决策遇到责任因素或者公司内部其他因素干预时，决策者优先考虑的是自保。

在没有考虑沉没成本的协和式飞机与夏普液晶工厂的案例中，不难看出公司作为人的集合体，在决策时会涉及很多人的因素。

> ❶ 要点　不舍弃感情因素就难以做出正确判断。

关键词：成本

创造中期诊断的机会

如何避免业务陷入沉没成本的"陷阱"？

在新的投资项目上，投资者充满热情、埋头苦干，几乎不会考虑在什么情况下要果断退出。即便他了解沉没成本，也很难在中途遇到损失时收手。那么，怎样做才能摆脱这种进退两难的境地呢？

答案就是做好中期诊断。停下来，回头看看预想的需求是否已发生变化。 提前预设好中期诊断的时机，将沉没成本的理念融入开发过程中。

确定好中期诊断的时机后，还需要提前制订判断标准。如果能做到这一点，即便发生了超预期的损失，损失金额也是可控的，事情不会发展到不可挽回的地步。

前面讨论过协和式飞机和夏普液晶面板的案例，如果他们在开发建设过程中及时审查，应该能够避免巨额损失。已经耗费的数千亿日元虽然白白浪费了，但可以及时止损，不至于继续耗费后面的数千亿、数万亿日元。

忽略沉没成本，对比未来收益和未来成本，然后进行判断。如果预测到未来利润会不断降低，成本会节节攀升，那么就可以果断退出了。

但是，如果预测未来收益虽然不如预期，但仍旧高于成本，

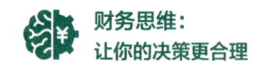

投资仍然有利可图的时候，应该怎么做呢？这就是我们平时说的盈利水平可能低于预期，投资回报期可能会延长的问题。

我认为在这种情况下应该继续做下去。但如果未来收益减去未来成本所得的利润为负值（亏损），就应该果断退出。

如果预测未来有少量利润却想中途退出。这种情况，虽说预期利润难以实现，但仍然有少量利润，此时退出将失去盈利的机会，所以我建议不要放手。换句话说，认为"盈余减少的话，将无法收回已耗费的巨额成本"的观点是错误的。

不管是继续还是退出，沉没成本的金额是无法改变的。既然无力改变，就只好忽视它。对于沉没成本，在决策时要做的就是"忽视它"。

沉没成本被会计记录在账并体现在报表中，因此多数人对它持负面看法。其结果就是人们在决策时往往深陷其中，频频出错。

财务思维很重要的一点就是不被个人情感和会计数字左右。

> ❶ 要点　如果个人情感受到报表上的成本影响，就会导致错误决策。

关键词：成本

灵活运用沉没成本

■ **灵活利用闲置的场所**

讲到这里，大家可能把沉没成本当作坏事来看。但是，如果处置得当，很可能从中发现新的商业机会。如果把这些沉没成本转移到其他事物上，就有可能转化为商机。

最近，我经常看到一些特殊的餐饮店，它们早晚经营的内容完全不同。

只要不是流动摊贩，餐饮店就需要固定的地点经营。地段决定经营的命运。条件好、环境佳的地段，房租必定很高。

如果经营咖啡店，那么就无法利用深夜时间继续经营；如果经营酒吧，那么就无法利用早上到傍晚的这段时间经营。这些无法经营的时间段所浪费的房租成本，让人感到可惜。如果同一间店铺错开时间段经营不同业务，那么就弥补了经营时间受限所带来的损失。咖啡店可以在不能经营的时间段将店铺转

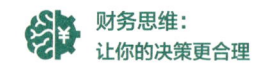

借给其他经营活动,这样就可减轻高额的房租负担,获得最大收益。

不过,两种经营活动应属同类,否则家具和相关设备无法通用。例如,对于经营咖啡店和酒吧的人,他们的经营理念一致时,店内的装修风格才通用。

如果已经花费的沉没成本用于其他用途且有利可图时,此时的沉没成本就转化为新的商机。

除餐馆外,补习班等教育机构也同样适用于这一规则。

运营补习班的公司租用教室给孩子们补习功课。上午孩子们都去学校学习,所以整个上午补习班的教室都是空着的。因此,这个时间段的房租就是沉没成本。此时,补习班的教室在上午时段完全可以用作成人教室。

同一家公司利用该场所经营其他业务时,无须额外支付房租,直接将房租列入经营收支明细即可。因为房子已经被租下来用作补习班教室,所以不管空余时段该教室是否被用作成人教室,房租都是已支付的成本,无法改变。

如果与其他公司折半分摊房租,那么就能极大改善原有经营的收支。对于起步阶段的公司来说，分摊房租可以减轻成本压力，能从小规模状态从容起步。

前几天，报纸上刊载了爱彼迎公司（Airbnb）的创业故事，讲述了公司创始人开展业务的过程。他非常关注沉没成本。

创始人在他家的某个空房间放了一张气垫床，并将房间租给了到当地参加活动却找不到酒店住宿的人。收到的租金使他有能力在旧金山支付高额的房租。这一经历对他商业模式的创建也起到了重要的提示作用。高价租来的房子，主要目的是用来居住，除此之外，闲置的房间还可用来赚钱。这种想法让他受益匪浅。

试图从名目上把握沉没成本可能比较困难，但是实际操作却很简单易懂。不管吸引其他公司合租，还是发展公司新业务，都能增加收益。无论如何，只要记住关键点就可以了。关键点是，看一下自己花钱买来的东西有无闲置的时间、有无闲置的空间，是否可以高效利用。

■ 灵活分配空闲人员

从相同的角度来看，还有很多有趣的案例。

财务思维：
让你的决策更合理

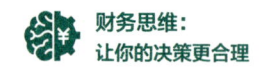

日本"出前馆"[①]能提供网络订餐服务。最近"优食"（Uber Eats）发展迅速，也能提供送餐服务。只要你填好送餐地址，网页上就会显示所有可提供服务的商家。点击商家主页后，就可以直接在上面订餐。之前很多不提供送餐服务的小店，现在也名列其中。**这与送餐服务外包给报纸配送员有很大关系。**

负责配送业务的是当地报纸配送员。他们送完早报后到送晚报前的这段时间是空闲的。前文讲的是充分利用不同时段内闲置的场所，现在讲的是充分利用不同时间段内空闲的人。

有的报纸配送员送完晚报后，正好到了晚餐时间。了解到报纸配送员每天的工作状况后，"出前馆"的社长向报纸配送公司提出了自己的想法，最终促成了报纸配送员送外卖的业务。

这样操作还有其他优点。这意味着不必为配送员准备新的摩托车。配送员使用派送报纸的摩托车送餐，"出前馆"除了付他工资，只需要提供燃油补助和车辆使用补助就可以了。因此，这项业务的初期投资为零。

---

① 日本首家在全国范围提供外卖配送服务的平台，运营企业是出前馆株式会社。——译者注

第 2 步
挖掘看不见的成本

此外，报纸配送员每天都在当地派送报纸，所以非常清楚当地的路线，送餐时不用特意查找就可迅速送餐到户。这样既节省时间，又实现了快速配送，还可以减少人工成本。

"出前馆"的运营公司与报纸配送公司的合作起到了事半功倍的效果。以前，在公司的游说下，餐馆也同意上架公司网站，但实际上因配送人员不稳定导致合同作废的情况时有发生。

小餐馆不知道外卖能带来多少订单，所以不会每月拿出固定成本雇人送餐。"出前馆"与报纸配送公司的合作完美解决了这个问题。

这一案例的关键就是利用人闲暇的时间。"优食"同样如此，他们劝说配送员在闲暇时间做点事情。顺便说一下，与"优食"签约的配送员使用随处可见的共享单车"小红车"配餐，所以他们也被称为"小红车"。

如果自己有自行车、摩托车那自然另当别论，如果自己没有配送车而要重新购置配送车，对个人来讲也是风险较大的投资。自己出钱借用"小红车"，再从"优食"获得的收入中扣掉租车费就是所得收益。这也是一种不需要固定投资的方法。这样，不需要前期投资，配送员利用空闲时间的业务就开始了。

我在前文说过，使用财务思维进行决策时应忽略沉没成本。但如果可以灵活运用沉没成本促成新的业务，那么请认真考虑这一方案，这样做可能会帮你发现新的商机。

> **❗要点** 灵活运用已经付钱买下的东西，提高其利用率。

关键词：成本

人工成本是成本构成的重中之重

▪ 最应重视的成本就是人工成本

前文讲解了机会成本和沉没成本。除此之外，成本还有人工成本、现金成本和时间成本。下面从人工成本讲起。

以前，需要业务伙伴给我送急需的资料时，他们经常说：

第2步
挖掘看不见的成本

"摩托车快递费太贵了,我们自己送过去吧。"按照他们公司的规定,3000日元的摩托车快递费太高,因此不能使用摩托车配送资料。

从他们公司到我们公司,往返需要1小时。2019年日本人平均年薪为441万日元(根据日本国税厅调查),换算成时薪的话大概是2297日元(441万日元÷12个月÷160小时)。单看这个数字,好像自己公司的员工送资料更划算一些,但事实并非如此。

公司除支付给员工工资外,还要为员工发放福利、缴纳社保,这些费用大概是工资的一半。所以从公司角度看,员工的平均时薪应为2297日元×1.5=3446日元。为了后面对比方便,我们以10分钟为单位进行换算。假定员工每10分钟的工资换算为600日元。也就是说,如果外包价格低于这个数字,就可以外包给他人。

但是,很多企业不愿意外包,因为外包需要支付费用,而自己员工去做不用单独支付费用(不包括加班费)。

但实际上,这与是否支付费用无关,怎样划算怎样做才是正确的选择,这是最基本的财务思维。

很多时候公司使用外包服务，就是因为公司员工去做的话，人工费会更高。雇人时考虑年薪成本问题也是如此，公司负担的雇佣成本是年薪的1.5倍左右。年薪500万日元的员工，公司每年实际要承担750万日元左右的人工成本。这一点非常重要，不可忽视。

另外，雇用人才后，就要留住人才，让他长期为公司服务。假设员工连续为公司工作10年，那么这段时间公司就要承担7500万日元左右的人工成本。大公司对此可能不太在意，但是初创企业和公司新业务开拓者就要慎重考虑了。

如果以外包的形式雇用人才，一旦出现特殊情况就可以解除合同，其后不会再发生其他费用，而且成本计算也会容易得多。

目前，外包的市场环境已经形成，很多企业把所有服务或部分业务外包给其他单位。企业不再需要花费高额人工成本把所有事情都交给内部员工去做。

■ 考虑培养一位独当一面的员工所花费的机会成本

在所有成本中最需要注意的便是人工成本。人工成本除了工资、社保等直接支付的部分，还包括其他成本。为了便于大家理解，下面以麦当劳这类餐饮企业为例来说明员工独当一面之前，公司会为他花费的各种费用。

员工被录用前，公司会通过广告招聘人才，调整面试日程，进行面试。这一过程会产生人工成本。员工被录用后，公司会为负责培训新人的员工支付人工费。培训新人的员工多为熟练工，他们的时薪要远远高于新员工。

在工作现场，新员工独当一面前，其工作效率要远低于老员工。完成的订单数较少，收益和利润也会减少，这里就产生了机会成本。正是因为每次换新人都会发生这种问题，所以员工辞职对企业来说是件很头疼的事情。

近来，我经常听到招聘难的话题，特别是在服务行业。

"花了几十万日元制作和投放广告，结果只有1个人应聘，而且最后连这个人也没能录用。"我经常光顾的美容院里，美容师边叹气边急匆匆地去接电话，而满头洗发水的我被无情地晾在一边，陷入沉思。美容院的服务这么差，客人也许会越来越少，自己以后还要不要来这里呢？

我是这里的常客，每年要来6次。如果以后不来了，对店长来说就要损失这6次的机会成本。如果其他几位常客也不来，就会影响到这家美容院了。

单靠没离开的几个会员的热情是不行的。美容院应及早发现常客要离开的苗头，评估其影响，特别是机会成本的金额，把它当作非常重要的问题来对待。

■ 最大限度地减少人工作业，寻求降低人工成本的商业模式

高昂的人工成本影响着企业的发展。

"玄关配送"就是典型的例子。随着网络购物的发展，为了减少配送员的二次配送，越来越多的快递公司采用将快件投递至玄关的配送方式。日本社会治安良好，快件虽然也有被盗的风险，但其损失远远低于多次配送产生的人工费。

其他的例子还有"办公室小食"等，在公司设置点心、饮料和关东煮摊位，员工自觉投币购买。

这些商业形态与自助药品一样，提供方只需经常补充商品和收集货款即可。

最大限度地减少人工作业，可以把人工成本压缩到最低。从这种商业模式可以看出，人工成本高于其他任何成本。

> ❶ 要点　想办法解决比其他成本都要高的人工成本。

关键词：成本

现金交易会产生相关费用，这是最难发现的隐形成本

关注人工作业和人工费后，你就会理解为什么最近越来越多的店铺都使用非现金的方式结账了。使用非现金方式结账，在方便我们消费者的同时，店家也能从中受益。

在日本，现在越来越多的投币式停车场只支持信用卡支付，甚至有的餐馆也只能用信用卡结账。究其原因，正是因为现金操作会产生人工成本。

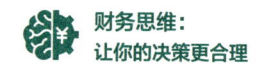

最近，用现金结账的商家也配备了自动找零的收款机。这样，店员不再需要数着现金为顾客找零，收款机会自动找零。这种设备投入使用后，效果很不错。

这样一来，店员也不会给顾客找错钱了。在处理现金时，不免出现人为错误导致对账不符的问题。为了对上账，有时我们会花费大量的时间去核实，而这些时间与生产经营毫无关系。

在餐馆和便利店我们经常看到这样的场景。

"收到您1万日元。"

↓

"好的。"

"请确认零钱。"

↓

"好的。"

负责收款的店员从收银机里面取出零钱时，要把钱展开给别的店员看，两个店员一起检查、确认，避免出现对不上账的问题。给顾客找零钱时也如此，边对顾客说"请您一起确认一下"，边一张一张数给顾客看。

通过这一系列的操作，或许可以避免数错金额或弄错票额等问题，但这些时间都浪费了。现金管理需要花费时间。

这种确认，虽然每次时间都不长，但是长期积累下来，不管是个体店铺还是所有连锁店铺，浪费的时间都将变成一个惊人的数字。在这段时间内，没有生产经营活动，但却不断产生人工成本，并且人工成本也是一个惊人的数字。

如果是两个店员一起确认，就会发生两个店员的人工成本。而且不要忘了，这段时间客户被冷落在一边等着结账。

现金达到一定数额，还会出现被偷、抢的风险。安全起见，与其放到保险柜，还不如早点存入银行。

此时，店铺会委托现金安保公司把钱运到银行。出于安全考虑，他们绝对不会只安排一个人完成运输任务，至少会安排两个人，这样人工费就会按人数倍增。因为现金数额巨大，需要绝对的安全保障，所以不能去计较这方面的费用。

这样看来，持有现金会存在人工作业和现金保管风险，会产生相应的人工成本、设备投资成本和外包成本。换句话说，

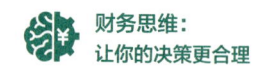

现金会"吞金",是一种"无形成本"。

所以,我们一定要锁定成本源头,这一点十分重要。

> ❶ 要点　持有现金意味着会发生人工成本和设备投资成本。

关键词:成本

把时间换算为成本

▪ 估算实际并未发生的金钱交易

财务思维关心的不仅是货币是否真正流出,还包括隐性收入和隐性成本等确定性因素,并将它们换算成数字金额进行衡量。

关于专职家庭主妇的家务劳动,很多人认为她们没有在外面工作所以无法衡量其劳动价值。财务思维的看法恰恰相反,财务思维将主妇的家务劳动赋予价值。此时就会用到机会成本这个概念，即"假如她外出工作，会有多少收入"。

财务思维考虑的是将来发生的事情，对于没有发生金钱交易的行为只能进行估值处理，预设前提后进行模拟推算。此时需要注意的是时间变化。

在这里"时间"成为关键点。

例如，买了扫地机器人后，你会发现有了它真的很方便，能帮自己节省很多打扫卫生的时间。

不过，我们无法直接将时间变成数字金额，只能把购买扫地机人的费用与使用它会节省的时间成本进行对比，这样才能客观比较，做出正确的决策。仅感到方便是不够的，我们还要明确哪里方便、怎样方便，这样才能准确地做出比较。

- **把时间换算为货币数值**

人们在把时间进行货币化处理时，一般要考虑自己的时薪。

我们按照每10分钟1000日元计算吧。因为按摩服务费一般是6000日元/小时，所以将社会上服务人员每10分钟的服务价格假设为1000日元，我认为还算合理。公司的普通员工更容易换算自己的时薪，换算好后可直接用于成本比较。

于是，节省的时间和时薪相乘，就可计算出节省的人工成本，再将其与扫地机器人的价格进行比较即可。我们觉得扫地机器人价格高，但是在同一尺度下进行比较，我们会发现买它明显是划算的。

性能好的吹风机也是如此。普通吹风机的价格为10000~30000日元，而性能好的吹风机约50000日元。性能好的吹风机的风量很大，而且不会损伤头发，很快就能把头发吹干，比起普通吹风机的干发时间，使用性能好的吹风机每次都能节省10分钟左右的时间。利用这些时间，我可以做些别的事情。

我每天早上和晚上都会用吹风机。假如每次能节省10分钟，那么一天就可以节省20分钟。换算成人工成本，每天就可以节省2000日元。吹风机没有节假日，而且不论是公司还是个人都可使用。假如吹风机价格为50000日元，那么25天就可节省出这笔费用。

我们在网购时，往往只有达到一定购物金额，才能免付邮费。很多人会说"自己去店里买的话，就不用运费。真不想花这笔钱"。于是，很多人为了节省运费，买了很多不需要的东西来凑够商家规定的包邮最低限额。

毫无疑问，人们彻底落入了网站的套路。

不在实体店买，会节省交通费用，还会节省往返时间。虽然网购时拆快递、扔快递箱也会花费一定时间，但与往返实体店的时间相比不值一提。换句话说，往返实体店的时间换算成货币后，你会发现即便是付运费，你也省钱了。

那么，你认为这是买便宜了，还是买贵了呢？这个要由每个人的价值观来判断。

重要的是，你是否用财务思维去比较差额进而做出判断。

单用时间对比，可能难以得出结论。财务思维会把它换算成货币数值进行比较。实际上，很多人会利用节省下来的时间好好休息或者做自己喜欢的事情。重要的是节省的时间能够自由支配。

时间与金钱一样都是有限的。使用财务思维进行决策时，正是因为肯定了时间的价值，所以才会把它换算成货币数值进行对比。

> ❗**要点**　财务思维会把时间换算成货币数值。

关键词：成本

财务思维不纠缠于费用名目和经营赤字

■ 不要只关注特定的成本明细

下面要讲的是怎样正确看待成本，主要有以下两大要点：

· 不纠缠于费用名目。

· 不纠缠于经营赤字。

在会计中，有各种成本分类，比如广告费和运输费等。但事实上把成本分类之后，很容易出现判断失误，因为我们往往只关注每类成本的金额。

其中，最常见的例子是房租。很多书中关于省钱小妙招都会写"房租不应超出收入的1/3"。但是，正如我在前言中所写，如果只关注房租，就可能会做出错误的决定，对人生的满意度也会大打折扣。

财务思维着眼全局，不会局限于特定成本。

■ 要理解赤字的真正含义

在企业中的很多情况下，会计角度下的成本项目和业务角度下的成本项目的真正含义是不同的。

例如，零售业或餐饮业在东京银座开店时，它们往往不在乎这家店能创造多少利润，而是旨在把它打造成旗舰店以提高企业知名度，这样可以节省广告费和促销费。

东京银座开设的零售店在制作损益表时会发现土地、建筑物租赁费占销售额的30%左右，人工成本占销售额的20%左右，进货成本占销售额的30%左右，此外还有其他费用，出现赤字是正常的情况，盈利几乎是不可能的。

这里的赤字不能简单地理解为亏损，在某种意义上可以把

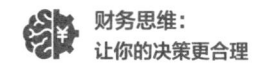

它看作公司的广告费。然而，会计记账时不会把它记作广告费。这一点，正是会计与财务的分歧所在。

即使你在公司内极力主张"东京银座店的支出成本应作为广告费处理"，会计仍然会在公司整体利润中冲抵东京银座店的亏损金额。无论怎样，东京银座店都可能被视为给公司拖后腿的存在。特别是上市公司，他们如果不严格按照公司规章制度进行会计处理，就很难通过审计。所以，他们只好公事公办，不留通融的余地。

但是，从财务角度来看，这种情况绝对不可看作赤字。

东京银座店的营业损失可视为实际发生的广告费用。如果决定在东京银座开店，请务必在公司内游说相关部门，说明其含义。

> **❶ 要点** 在财务管理中，有些项目并非是为了追求利润而存在的，而是另作他用，比如为了节省广告费、促销费等。

关键词：成本

务必事无巨细做好成本预估

■ **虽然谨慎研究了预期销售额，但是仍会遗漏一些费用**

本章最后部分讲的是成本核算实务操作时应注意的内容。

正如本章开始提到的那样，在研究投资方案时，我们要尽可能准确地估算预期销售额、销售成果可持续时间和所需成本，这对决策来说非常重要。

这里提到的"准确"，对我们来说的确是一种挑战，因为很多费用往往会被过少估算。

成本估算出现缺失或遗漏，可能会导致严重的决策失误。

部门众多的大型公司或者投资额巨大的复杂方案往往存在成本缺失或遗漏问题。

例如，如果物流中心负责人制订物流中心改造方案，他很可能会忽视物流部门之外的部门发生的其他成本。

物流中心改造时，要全面、系统地考虑。物流操作环节调整后、运输、分类等其他部门的成本也可能会发生变化，而物流中心负责人在制订方案时，可能会忽略这些成本，也可能没有忽略但无法准确计算这些成本的数额。

即便负责人注意到了大的成本，却往往忽略了那些细小的成本而直接通过方案。改造后试运营阶段就会冒出很多新的成本。如果不追加这些成本，那么改造方案就很难执行下去。这样的案例不胜枚举。

除了自己所属部门，我们还要从公司整体角度找出受影响的部门以及所花费的成本。

■ 成本问题查漏补缺的两大法宝

其一，让负责会计、审计或经营策划的人员也一起参与进来。方案策划者对所属部门的事务自然了如指掌，但是对其他部门的细节却往往知之甚少，因此仅靠自己很难制订完善的方案。此时，就需要得到其他部门的协助。

其二，进行彻底的后期验证。制订方案时如果有遗漏，那么在实务操作中肯定会发现这些漏洞。如果决策有失误，那么在查漏补缺的过程中，公司可以从中学到很多知识，在以后制订投资方案时可以借鉴上次的经验。

验证后的信息汇总，应形成一个工作机制，由审计部门执行，定期将信息分享给相关部门，确保所有相关人员都了解。这种做法有助于相关人员将信息灵活运用到以后的工作中。

但是，实际上这样做可能会遇到来自审计部门的阻力。想要审计部门配合工作，可能并不那么容易。因为对审计部门来说，这些都是额外摊派的工作，他们需要调整、处理成本的缺失、遗漏问题，非常麻烦。在这种情况下，方案策划者就要找到适当的办法寻求审计部门的合作。

如果是我，就会跟上司说："我认为这个数字是必要的，您能让销售经理去和会计主管谈一下吗？"或者，拜托上司直接找公司高管去谈。对于公司普通员工而言，比起自己去协调各个部门，这种寻求上级帮助的做法是最现实的。投资方案对于管理层来说是重要的决策，方案策划者强调这样做是为了公司利益，请高层出面处理，这是切实可行的办法。

在日本市场开展业务的美国企业等外资企业，比如华特迪士尼公司（日本）设有专门的财务管理部门，他们负责审计企业内所有业务部门的数字，所有的决策都需经过他们的同意。

然而，日本本土企业由会计或财务部门、计划部门负责数据审计，与一线业务人员的沟通较少。而且，他们处理的数据是涉及整个公司的数据。至于各部门的相关数据，因为处于实时变化中，所以公司对此无暇顾及。

不仅如此，他们统计的数据是整个公司过去的数据，并不是将来可能发生的数据。这些对会计记账来说可能有用，但对财务管理来说意义不大。

在日本，分析未来数据的工作一般由计划部门负责。不过他们往往注重制定战略方向，负责未来数据分析整理的部门和人员数量严重不足。

要解决此问题，公司必须进行后期验证。

总体来看，日本的公司在后期验证方面做得并不好。有的公司甚至以无法结算为由不做后期验证。这一情况使数字黑匣子技术得到快速发展。

如果意识到了后期验证的相关问题，就应该事先记录下用于后期验证的观点和数据。有了这些观点和数据，验证时就会简单很多。遗憾的是，很多公司并没有这样做。

公司在开展新业务时，前期大都处于亏损状态。这种亏损，从财务管理的角度来看并不是什么大问题。但是，如果对财务思维不甚了解，完全从会计的角度来看，恐怕就要陷入烦恼了。

后期验证的数据可以是个粗略数字。不必使用复杂的数学公式，会用四则运算即可，准确度达到60%~70%即可。不要有心理负担，自己试着去做做看吧。

公司应对未来数据做出简单假设，比较是否符合预期目标。然后，查找与当初成本估算有出入的地方，积累经验，并在下次操作时避免同类问题产生。

进行后期验证时，我们不必完全依赖数字，可以将重点放在使PDCA[①]的准确度达到80%~90%。

> ❶ 要点　进行PDCA操作，提高成本分析的准确度。

[①] 企业管理各项工作的一个基本方法，即Plan（计划）、Do（执行）、Check（检查）和Action（处理）。——译者注

第 3 步
捕捉时间差

关键词：时间差

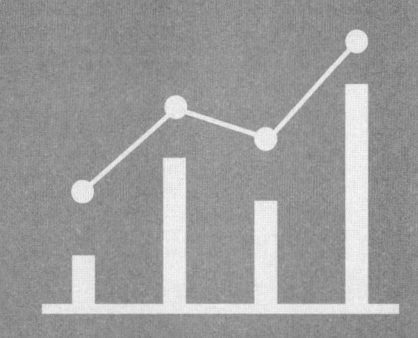

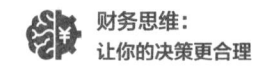

财务思维最忌长期固定成本。

将固定成本转化为可变成本，缩短成本周期。

利用时间差，实现成本可视化管理。

上一步讲的是如何避免缺失和遗漏，全面把握成本。

打好了基础，现在开始讲解下一步内容。

本章主要内容：根据预估金额进行决策时，不要忽略时间差带来的影响。

本书为了与实务操作中财务思维的顺序保持一致，按照成本、时间差的顺序进行说明。这样做的目的是让读者更易于理解财务思维。

本章开始会提到贴现、净现值（NPV）等财务管理术语。而在普通财务管理类书籍中，这些术语一开始就会登场。

财务管理中，成本分为可变成本和固定成本。这是铁律，不容置疑。这种分类标准就源于时间概念。

可变成本是指每次产生成本时可通过人为努力、意愿而减少的成本。而固定成本大都是与他人签订合约后确定下来的成本，不可轻易变动。也就是说，固定成本是与他人有约，很长一段时间内都会被约定内容所约束的成本，它会持续发生。

不论是个人还是公司，谁都无法准确预见未来。因此，相比可变成本，我们在决策时更应慎重考虑那些在很长时期内都会受到约束、不得不执行的固定成本。

本章主要讲解可变成本、固定成本、初始投资和公司评估时经常用到的指标，比如投资回收期、净现值（NPV）等。这些知识都包含时间因素，将整个方案凝缩成一个数字。本章还会提到将时间差可视化的方法及时间处理方式等。

关键词：时间差

尽量减少可带来长期影响的固定成本

■ 是战略发展所需的成本，还是必不可少的成本

成本分为可变成本和固定成本两种形式。

在家庭开支中，伙食费等可以通过自身努力节约降低的

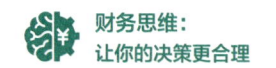

成本属于可变成本。房租等每月都需定额支付的成本属于固定成本。

在商务活动中，很多成本都伴随销售额发生变化，但是在家庭开支中没有销售额，所以房租、话费（定额部分）、保险、孩子的学费等成本，不管使用量和活动量如何变化，都需按照合同约定期限支付，这些都是固定成本。而根据使用量不同发生变化的伙食费、日用品成本等，都是可变成本。

在商务活动中，可变成本是指根据销售业绩，金额发生变化的成本。固定成本是指不论销售业绩有无变化，金额均无变动的成本。可变成本的典型代表是销售成本，固定成本的典型代表是工人工资、办公室房租等。

可变成本因为其可变，分析应用时务必要多加注意。这是因为有的成本属于必不可少的成本或者战略发展成本。

家庭开支方面，为实现自我价值或学习知识而产生的书本费、辅导班学费就属于战略发展成本。伙食费、煤气费、水电费等生活必需成本则属于必不可少的成本。

公司经营方面，战略发展所需的可变成本中，最典型的就是广告费。怎么花，花多少，公司自己说了算。另外，公司在预算困难时经常砍掉所谓的"3K"[①]成本，即广告费、应酬费和交通费。公司认为削减这些成本后，在上下一致的努力下可以渡过难关。

■ 固定成本越多，应变能力越差

从财务管理的角度来看，你认为可变成本和固定成本中，削减哪项才能实现良性循环的家庭开支呢？

答案是固定成本。固定成本，顾名思义，是固定不可动的成本。下调固定成本的金额后，很长一段时期内都能受惠于此。"很长一段时期"是关键点。

很长一段时间内都要不停地支付这项成本，听起来的确让人感到害怕。未来是未知数，不论是个人还是公司，谁都无法准确预见未来。固定成本会让你乏力。

可变成本，顾名思义，是可以变化的成本。如果稍有松

[①] 日语罗马音首字母都为K（Koukokusenndennhi、Kousaihi、Koutsuuhi）。——原注

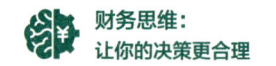

懈，之前削减的成本很快就会变高。

固定成本下调一次就能起到长期效果，其优点是一劳永逸。也就是说，同等努力下，选择下调固定成本能起到半永久的长期效果。因此，减少固定成本是削减成本时的第一选择。

例如，杂志刊载的家庭开支诊断专栏里，财务规划师往往会劝说大家尽量减少投保费用。各项家庭开支中，如果想要降低房租成本就必须搬家，与此相比，减少投保费用则容易得多。另外，只要没有其他数额庞大的固定成本，大家自然只能盯着保费不放了。

■ 将固定成本转化为可变成本

在努力降低固定成本的同时，也要考虑是否能把固定成本转化为可变成本。这样可以把未来可能发生的风险控制在最低限度内。

典型做法就是随用随借。

同样是租借行为，如果长期借用，那么产生的就是固定成本。如果只在用的时候去借，那么产生的就是可变成本。

固定成本最大的问题就是，即便支付后收效甚微，公司也必须继续支付。另外，固定成本采用每月定额的形式，大家往往会忽略它，这一点也很麻烦。公司应尽量把固定成本转化为可变成本（图3-1）。

健身房会费就是一个简单易懂的例子。很多人一时心血来潮入会后，每月都会为健身房"捐献"10000日元会费。平时这些人好像已经忘记自己办过健身房会员卡，当收到信用卡对账单，看到银行卡扣款明细时，他们才会想起这件事，发出无奈的感慨。办理了会员卡却不去健身，无法改善健康状态，当初付费的目的没有达到，固定成本便"打水漂"了。

好在现在出现了"按分钟计费"的服务，你在健身房可以

人工成本	福利费	业务车辆	办公室房租
·外包 ·雇用临时工	不要公司自办疗养所，而要外包和租用他人开设的疗养所	·公司不设业务车辆 ·租赁或使用共享汽车	·租借办公室 ·租借会议室

图 3-1　公司应尽量把固定成本转化为可变成本

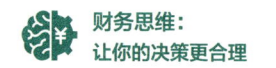

按分钟付费。这样，作为固定成本的健身卡费用就完全变为可变成本。

■ **服务外包**

把某些工作内容外包给其他公司，这样也可以有效控制固定成本。

近年来，管理部门的业务外包和经营代理店这样的商业模式发展迅速。前面我曾讲过，这样做是为了减少人工成本。

我们也可以从固定成本和可变成本的角度进行解释。

会计部门到了每年最忙的时候，需要大量人手。如果公司为此雇用正式员工，无疑会大大增加公司的人力成本负担。通常，在最需人手的某个时期公司会雇用临时工，将部分业务外包出去。

在业务高峰期雇用临时工，那么临时工的派遣费、每个月根据业务量发生的外包服务费等都属于可变成本。

■ **人工成本是最为固定的成本**

在固定成本中，最需要重视的就是人工成本。

在外资公司，员工突然被人事部门叫去谈话，不等回到自己座位就被辞退了。对他们来说这种事每天都会发生，不用大惊小怪。但是在日本，情况会截然不同。相较于其他国家，日本在劳动关系方面的法律非常严苛，一旦雇用了员工，就不能随意辞退。

可见人工成本作为固定成本的影响力之大。

> ❗ **要点** 削减固定成本时，在付出同等努力的前提下，应优先选择可一劳永逸的固定成本。

关键词：时间差

初始投资是超级固定成本

■ 初始投资起决定作用的平台型商业模式

比固定成本还要固定的就是初始投资。

固定成本是连续发生的成本，虽然调整起来很费劲，但并非完全不可中途调整。一旦调整了，后期成本支出就会大幅降低。

而初始投资一旦投入后，便再也拿不回来。也就是说，初始投资比固定成本还要固定，应变能力非常弱。

大家看一下苹果公司的情况。众所周知，以前苹果公司没有自己的工厂，只专注于设计研发，生产方面全部外包给别的公司，这样可以使他们集中精力搞研发，提高客户满意度。我们把这种没有自己工厂的生产形态称为"零工厂模式公司"，这是抑制初始投资的典型做法。如果建设自己的工厂制造产品，那么必定会出现高额的初始投资。在这个变化莫测的时代，零工厂的模式，从财务角度来看是最合适不过的。

不过，也有一些商业模式的初始投资在整个商业活动中起决定作用。

例如，Mercari[①]等平台型企业，起步阶段就需要投入大量开发成本。提供服务前需要建设公司网站和应用程序，它们

---

① 日本C2C二手交易平台。——译者注

的使用效果直接关乎用户数量和最终盈利能力。简而言之，初始投资是业务能否顺利开展的关键所在。很多传统行业也是如此，比如制造业工厂在创业初期需要购置大量的设备和机械等。

如果公司规模较大或业务多元化，那么初始投资的风险比较容易被接受。因此，对于初始投资，不要一概而论，重要的是要根据自身情况量体裁衣，做出准确判断。

此外，一些平台企业通过收取会员费的形式盈利，例如，社会商业媒体News Picks和音乐流媒体服务商Spotify（声田）、Apple Music等。这些商业平台一旦步入正轨，在财务管理上便会顺风顺水。

对于用户来说，支付的会员费是固定成本。但对于服务方来说，会员费是他们的固定收入。一旦用户成为会员，即便不使用服务，每月也需要付费。对服务方来说，这无异于"天上掉馅饼"。前面讲过，固定成本很难管控。不过对于服务方来说，他们可以提前预测下月的收入，这将大大减少管理所需的时间和精力。

▪ 广告成本通常是可变成本，但也有其他情况

平台业务能否成功取决于可以获得多少用户。为此，需要在初始阶段积极开展宣传活动。从性质来看，投资巨大的广告费是一种初始投资。

广告费通常被归类为可变成本。但是，为了让用户继续使用该服务而投入的广告费用，从财务管理的角度来看，更贴近于初始投资。

例如，像"PayPay"公司[①]那样通过返点培养用户群就属于这种情况。促销费用对于用户培养来说至关重要，是一项初始投资。如果其他公司也积极采取返点优惠的方式吸引用户，那么对于PayPay来说就失去了差别化竞争优势。人们不会下载多种电子支付的应用程序，因此想办法让用户优先选择本公司的产品非常重要。

前面讲过"要注意某一概念的真正含义"，这一原则放在此处也适用。在财务管理方面，不同的公司、不同的发展阶

---

① 提供电子支付服务的日本信息技术企业。——译者注

段，对于同一类成本，应该运用不同的方法进行分析处理。

判断某一成本属于可变成本还是固定成本，要看它的影响可以持续多长时间。该成本如果属于固定成本或初始投资，就要慎重判断是否值得为该成本承担风险。

> **❶ 要点** 　出于战略发展考虑，有时可以增加初始投资。

关键词：时间差

投资回收期越短越好

■ 谁都无法预知未来

如前文所述，避免初始投资和固定成本，选择可变成本，是财务管理中获取收益的黄金法则。

黄金法则的一大前提就是"谁都无法预知未来"这一事实。花费巨额初始投资建设工厂，是因为预想工厂制造的产品会畅销。然而，实际上谁都不知道将来会发生什么。很多公司从组织形式上看似乎很稳定，其实公司的商业活动中隐藏着巨大风险。

下面以公司设备投资的两套方案为例予以说明。

A、B两套方案花费的总成本相同。但是，分析成本构成时发现A方案大都是可变成本，而B方案大都是固定成本。那么应该采纳哪个方案呢？

如果销售额超出预期，那么固定成本投入多的方案，收益就多。然而，很多情况下事与愿违。考虑到销售额可能会低于预期，公司应尽可能下调固定成本。

相反，如果上调固定成本，很有可能导致公司资金链断裂、经营亏损，使业务难以开展下去。

在销售预期不明朗的情况下，优先选择可变成本，而不是固定成本，对公司来说风险更小。

除非可以确定公司未来的运营非常稳定，否则必须做好最坏的准备，一旦发生意外，公司能把损失降到最低。只不过，公司选择这种模式，可能赚不了太多钱。

■ 人们往往倾向于关注初始投资+固定成本的"总成本"

一般来说，人们往往倾向于关注初始投资+固定成本的"总成本"。

例如，A方案的初始投资为1000万日元，每年固定成本为200万日元，项目为期3年；B方案的初始投资为100万日元，固定成本为500万日元，项目为期3年。两个方案投资总额都是1600万日元。

那么，大家决策时一般会选择B方案。为什么呢？这是因为如果在项目中途退出，B方案损失较小。假如在2年后退出，那么A方案将花费1400万日元，而B方案只花费1100万日元。

公司尽量不做长期约定。

初始投资多，那么沉没成本就会增多，对于公司来说这是沉重的负担。反之，在初始投资少、每年固定成本较多的情况下，如果公司每年都能重新评估是否续约，那么一旦退出，初始投资的损失就会少很多。也就是说，初始投资与固定成本因发生时机不同，损失金额也会有所不同。财务思维不会只关注数字，还会考虑时间问题。

请看图3-2，财务管理中经常用到它。

A方案初始投资为1000万日元，每年固定成本为200万日元，项目为期3年。

B方案初始投资为100万日元，每年固定成本为500万日元，项目为期3年。

数轴下方表示支出（固定成本、初始投资），也被称为负值现金流。数轴上方表示收入（销售额），也被称为正值现金流。数轴箭头向右，表示时间。在收入方面，两种方案每年都设定为600万日元。

A方案的初始投资是1000万日元，B方案的初始投资是100万日元。此外，关于第一年的年度固定成本，A方案为200万日元，B方案为500万日元。从第二年开始没有了初始投资，只有年度固定成本，A方案为200万日元，B方案为500万日元。

如果项目未按预期进行，并在第二年年末中止，则B方案的初始投资较少，损失也较少。

在这里，我们对比前两年的合计现金流。合计现金流是到某点为止所有现金流量的总和。它表示"到那时还剩下多少钱

第 3 步
捕捉时间差

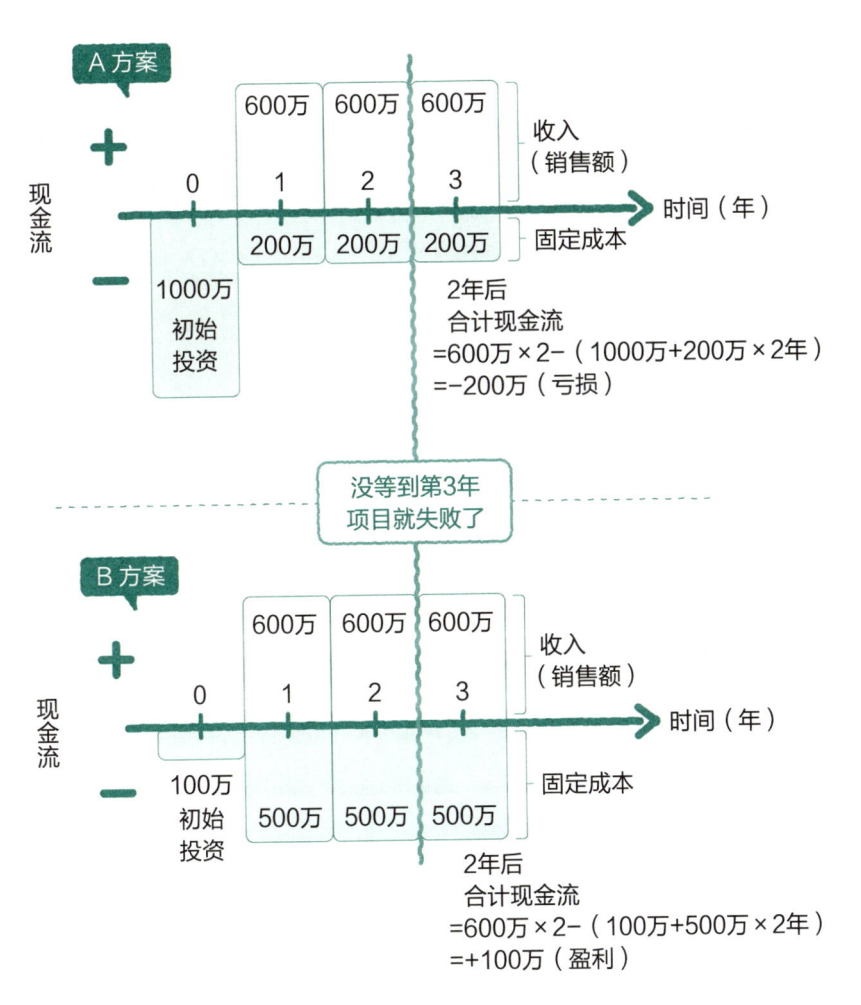

A 方案

现金流 +/−

- 0 年：1000万 初始投资
- 1、2、3 年：收入（销售额）600万
- 1、2、3 年：固定成本 200万

2年后合计现金流
=600万×2−（1000万+200万×2年）
=−200万（亏损）

没等到第3年项目就失败了

B 方案

现金流 +/−

- 0 年：100万 初始投资
- 1、2、3 年：收入（销售额）600万
- 1、2、3 年：固定成本 500万

2年后合计现金流
=600万×2−（100万+500万×2年）
=+100万（盈利）

图 3-2　减少初始投资（单位：日元）

（或者亏损多少钱）"。当合计现金流为正值时，表示投资已有成效，我们称之为投资回报。B方案比A方案更早出现了正值的合计现金流。也就是说，B方案投资回报早。考虑到未来的不确定因素，选择B方案更明智。

■ 投资回报越早越安心

建立在"回报越早越好"这一想法基础上的是"投资回收期"，它是投资安全性指标，表示包括初始投资在内的支出金额与产生的收益在什么时候才能实现收支平衡。在财务管理中，投资回收期的时间越短越好。

投资回收期为3年的项目和投资回收期为10年的项目，我们可以更准确地预测哪个项目的实施情况呢？在其他条件相同的情况下，项目周期越短，当前做出预测的准确率就越高，其结果符合预期的可能性越高。

换句话说，钱越早到手就越放心。在面临抉择时，我们经常用到的判断标准就是投资回收期。

首先请看图3-3。

第 3 步
捕捉时间差

A方案

现金流

1000万 | 1000万 | 1000万 支出带来的收益

0　1　2　3 时间（年）

2000万初始投资

此时收支平衡
到第二年为止合计现金流
=1000万×2年-2000万=0

投资回收期为2年

B方案

现金流

500万 | 500万 | 500万 | 500万 支出带来的收益

0　1　2　3　4 时间（年）

2000万初始投资

此时收支平衡
到第四年为止合计现金流
=500万×4年-2000万=0

投资回收期为4年

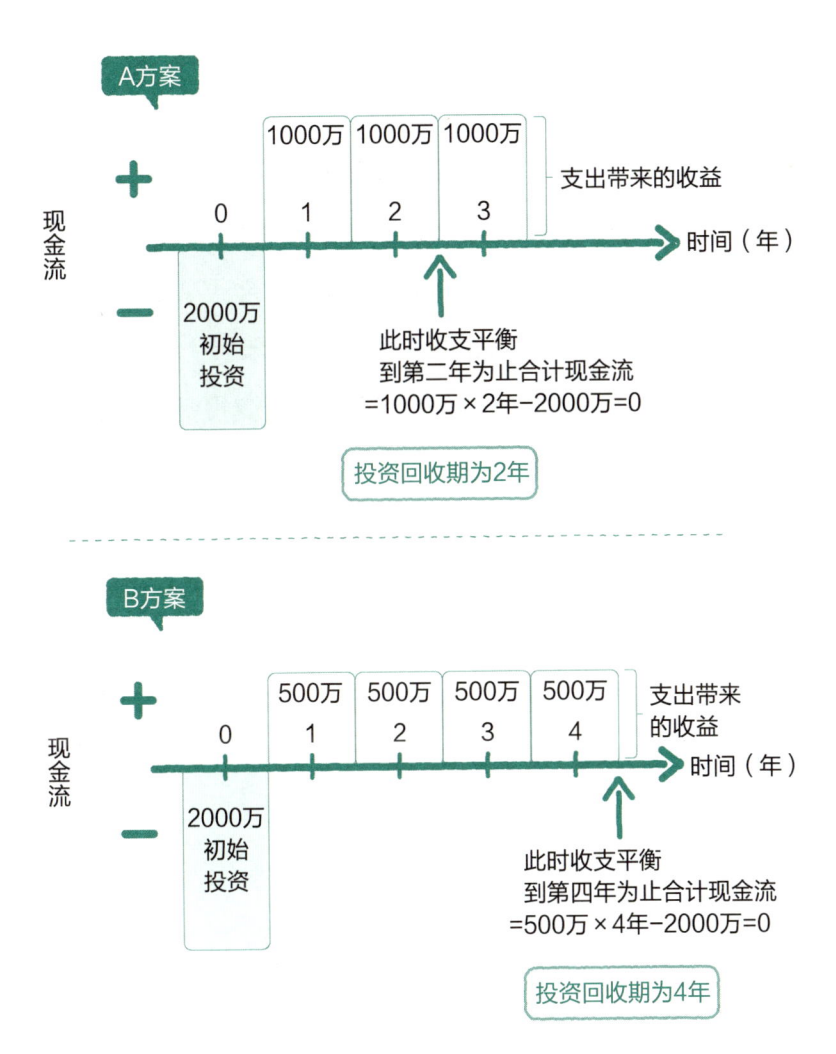

图 3-3　缩短投资回收期（单位：日元）

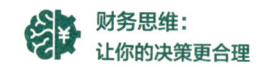

例如，投资2000万日元购买制造设备。

第一年的初始投资为2000万日元，现金流是负值。接下来的每一年，从销售收入中扣除原材料等成本后每年的现金流量为1000万日元。A方案在第二年年末的合计现金流量为0，实现了收支平衡。该方案的投资回收期为2年。

而每年现金流为500万日元的B方案，其投资回收期则为4年。

我们筛选方案的标准就是投资回收期越短越好。

理由有两点：其一，钱能生钱。投资回报越早，就越能产生更多的收益。其二，根据当前信息来预测项目未来的发展情况，那么对四年后的预测准确度明显低于两年后。因为市场竞争更加激烈或其他各种原因，三年后、四年后项目收益很可能无法达到500万日元。

考虑到这些风险因素，我们应选择能尽早收回投资的方案。这种判断就是出于对投资回收期的考虑。

> ❗**要点** 投资回收期短的方案更让人放心。

> 关键词：时间差

"钱"会花钱

■ **手头持有现金是不可动摇的铁律**

前面大家已经了解了固定成本、可变成本和初始投资。这些内容所讲的都是花钱，属于"支出"范畴。尤其是初始投资，它表示企业会在某个项目中投入大量的资金。

公司从事商务活动时，重要的不是资产而是资金。

从会计角度讲，只要损益表中资产多于负债，就没有问题。但是从某种意义上说，损益表中的资产，比如土地、建筑物、机械设备等固定资产并非真正的资产。像这类固定资产即便拿去出售，也需要一定时间才能售出，而且能否原价售出还是未知数。

丰田公司使用无库存生产方式（Just in Time方式）尽可能地减少零件库存。需要时，他们会让供应商提供必要数量的零件。留有备份以备不时之需，只不过是工厂一线人员的想法而已。

按照丰田公司的规模，工厂即使备有少量库存零件，整个公司的资产金额也会以亿为单位发生变动，这也意味着以亿为单位的资金无法用于其他投资。

如果手头有资金，可以投资到其他有吸引力的项目中；如果手头没有资金，就只能望洋兴叹了。也就是说，重要的是什么时候手头才能有资金。"现在手头正好有钱"很重要！

对公司而言，如果账上没有资金，公司可以从银行借款。当然，这会产生利息。换句话说，公司需要花钱来筹钱（目前日本的存款利率为负值。这种情况比较特殊，在这里姑且忽略这个问题）。

对个人而言也是如此。无论是买房办理住房贷款，还是为了凑学费办理个人助学贷款，原则上个人都要支付利息。

无论是住房贷款还是助学贷款，如果借款人的还款能力让人放心，那么贷款的利率相对就低一些。例如，日本育英会[①]的第一种助学金，是只有学习成绩好的学生才能获得的无息贷款。

这里虽然有政策方面的考量，但主要还是因为借贷方认为学习成绩优秀的学生将来还款能力强，不会拖欠贷款不还。消

[①] 2006年以前，日本通过特殊法人日本育英会发放奖学金来资助学生。——原注

费类贷款利息高，是因为借贷方预估借款人还不上的坏账发生率会高一些。

如果人们手里有闲钱，可以通过理财获得更多收益。将钱存在银行里，会获得存款利息；用钱买国债，会获得国债利息；用钱投资股票，虽有风险，但也可能会有股息和销售收益分红。

因此，根据借款人的状况和投资项目不同，需要的费用也不同。总而言之，筹钱会产生成本。

> **要点** 公司需要钱去投资，而筹钱会产生成本。

关键词：时间差

在不同的时间里，钱的价值也不同

■ 现在的钱和一年后的钱价值不同

前面讲过"手头持有现金非常重要"。从财务思维的角度来看，"现在持有的钱"与"一年后得到的钱"，二者的价值不同。换句话说，现在手头如果没钱，即使有收益特别好的项目，也无法投资。因此，比起将来到手的钱，现在手头持有的钱的价值才更高。

比如在买东西时，与返点优惠相比，我们是不是更喜欢商品直接打折呢？打折省下来的钱可以用于其他投资，而选择了返点优惠，我们会担心商家能否信守诺言。在优惠金额相同的前提下，与以后的返点优惠相比，现在直接打折更实在，更让人放心。财务管理同样如此。

■ 现在与未来的差距有多大

那么问题是，现在到手的钱与未来到手的钱，在价值方面有什么不同？这里也需要用利息的理论来分析。

前面讲过利息因人而异。我们假定贷款人在信用方面是安全的，在此前提下他的贷款年利率为1%。

现在到手的100万日元，与一年后、两年后到手的100万日元，哪个价值更高呢？

现在到手的100万日元存入银行后,几乎毫无风险就可获得存款利息。如果银行的利率为1%,那么一年后就能到手101万日元。与一年后才能到手100万日元的情况相比,多出10000日元(图3-4)。

多出来的这些金额,可以看作让我多等一年的"忍耐费"或者说钱的"借用费"。

从现在的时间点来看,同样是100万日元,现在到手与一年后、两年后到手,价值发生了变化。具体来说,如果现在到手100万日元,两年后,100万日元变成了约102万日元;如果一年后到手100万日元,在两年后变成101万日元;而两年后到手100万日元的话,就没有利息了,100万日元只能是100万日元。

■ 净现值(NPV)是最终到手金额按时间调整后的价值

如上述分析,财务管理通过利息将时间价值以数字体现。同等金额换算到当前时间,价值会缩水,这就是"贴现"。

以年利率1%计算,现在的100万日元一年后会变为101

财务思维：
让你的决策更合理

问 现在和一年后都可到手100万日元的前提下，你选择哪种？

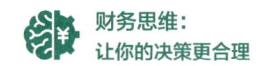

答 现在！
可以买东西，也能存起来。

100万日元 > 100万日元
现在　　　一年后

问 一年后给你多少钱，你才愿意等？

答 100万日元×1.01=101万日元

100万日元 = 101万日元
　　　　1%利息
现在　　　一年后

利息率 = 贴现率

问 一年后的100万日元，相当于现在的多少钱？

答 100万日元÷1.01≈99万日元

约99万日元 = 100万日元
　　　　1%利息
现在　　　一年后

仅考虑利息率（贴现率）时现在的价值 = 贴现后现在的价值

图 3-4 同等金额，现在的价值和一年后的价值不同

第3步
捕捉时间差

万日元。一年后的100万日元换算到现在，价值多少呢？逆运算可得出约99万日元的答案。1%就是"贴现率"，计算出的约99万日元就是"贴现值"。

"贴现值"是公司对比各种投资方案时需要参考的重要指标。下面为大家重点解释这个问题。

前面讲过几年后才能收回投资的回收期概念。此处有一难点。具体来说，投资回收期仅表示"几年后才能收回投资"。但是投资回收期之后的一段时间也算在内，整个项目会有多少收益？整个项目的合计现金流能达到多少？这些问题单用投资回收期来考察是不充分的，因为投资回收期这一概念不涉及整个项目的统筹分析。

投资时，对收益性的考量也很重要。收益性表示的是"整个项目会带来多少收益"。它的答案只能从净现值（NPV）里寻找。净现值（NPV）是以"合计现金流"为基础，按照时间加权计算而得到的，其能体现项目收益情况。

具体来说，把收支时间不同的款项，贴现换算成当前价值。然后，将所有贴现值的现金流加起来。

回顾图3-3中的B方案。第一年度公司投资2000万日元，连续4年每年有500万日元现金流，可认为4年后收回2000万日元的本金。

但是，按照图3-5所示，从第一年的500万日元的现金流开始，一直到第四年的500万日元的现金流，如果按照贴现值的算法计算，净现值是负值。也就是说，从净现值的角度来看，到第四年年末，该方案是亏损的。

此时需要特别注意的是，如果不考虑时间因素，单纯合计结果，该方案不赔不赚。但是考虑时间因素后，该方案最终是"亏损"的，所以最好放弃这个方案。

净现值考虑的是整体收益情况，是体现回报越早越好（安全性）这一思维的重要指标。

> ❶ 要点　净现值是反映收益性和安全性的重要指标。

第 3 步
捕捉时间差

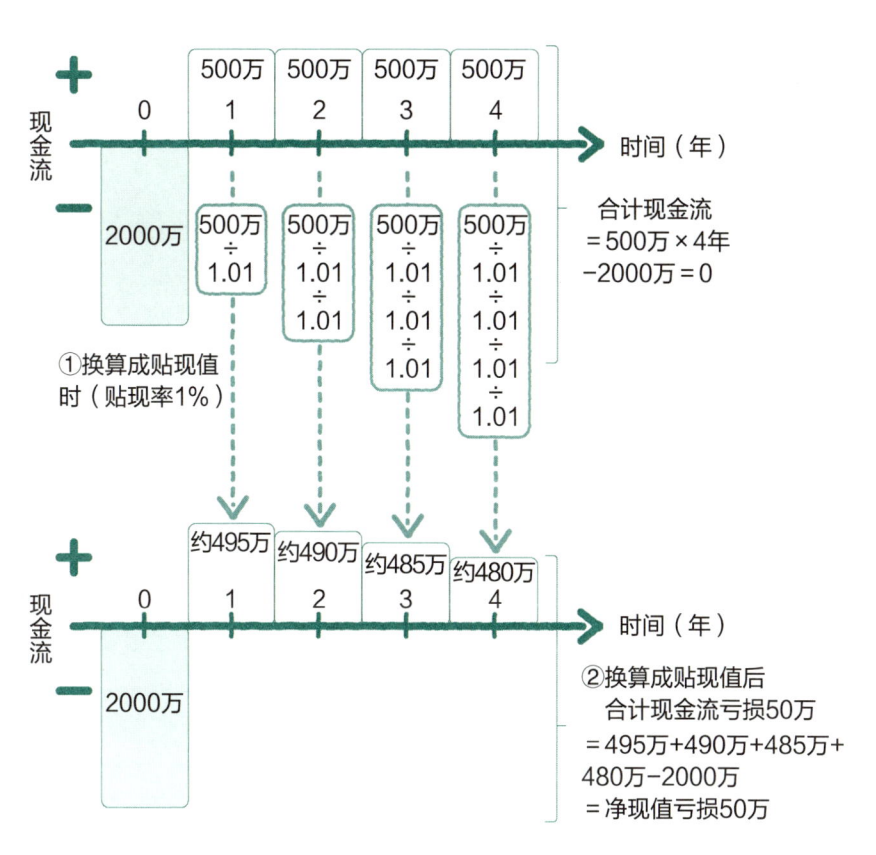

图 3-5 使用贴现算法再计算后得出的结果（单位：日元）

①换算成贴现值时（贴现率1%）

合计现金流
= 500万 × 4年 − 2000万 = 0

②换算成贴现值后
合计现金流亏损50万
= 495万+490万+485万+480万−2000万
= 净现值亏损50万

第4步
对比差值

关键词：对比

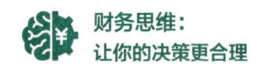

我们只有通过对比才能做出准确的评估和判断。

不是根据主观喜好或经验，而是预设"判断标准"后进行客观对比。这样一来，不论是谁，都很容易给出相同的评价。

正如我在前言中提到的那样，本书旨在帮助大家使用财务思维做出更好的决策。

很多人不习惯使用财务思维，因为他们"难以把握和估算时间价值"。之所以会这样，是因为他们并没有充分掌握使用财务思维分析问题的步骤。

因此，在这一章节中，我将举出实例来说明如何一步步做出决策，而不是通过简单的计算解决问题。

"对比"是贯穿财务决策流程的重要环节。具体来说，就是按照"准备多个选项，依据判断标准进行对比"的顺序做出最终决定。

在我们的日常生活中，大大小小的事情都需要自己做决定，比如午餐吃什么及是否买房等。大多数情况下，我们会按照自己的判断标准在对比后做出决定。

第4步
对比差值

在商业领域，如何对比才能简洁、快速地做出决定呢？让我们仔细看一下流程。

把握包括隐性成本在内的所有成本，体现时间差。按照第2步和第3步的说明进行计算，得出结果。在第4步中利用前两步的结果做出最终决策。

在对比商业投资方案时经常使用的一个标准就是内部收益率（IRR）。本章将为大家介绍加权平均资本成本（WACC）以及以此为基础的门槛回报率等问题。

然后，对比投资回收期、净现值等财务指标，综合说明应选择哪个方案。

关键词：对比

对比就是关注差别

- **我们在日常生活中会无意识地关注两件事物的不同之处**

  在进行对比时，关注"差异"将使决策更加容易。

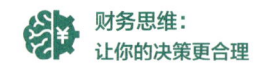

例如，我们来到一家法国餐厅，点菜时发现菜单中有两种套餐。这时，我们会对比两种套餐的差别。主菜是一种还是两种？有没有甜点？甜点是一盘还是两盘？

然后，我们会对比两种套餐的差额有多少，并且会无意识地去对比差额与多出的菜品价值是否相符。当然，如果我们想要好好享受一顿法式大餐，也许不会过多在意高出来的价格。

在实际对比过程中，我们会关注两者的差别，这种无意识的思考方法，对于财务管理来说十分重要。

■ 多角度考察差别

在对比多个方案时，不纠结于各个方案的成本构成，而是着重对比各个方案的成本差额，然后选择收益性好的方案，这就是财务思维。A方案与B方案既包含相同的成本，也包含完全不同的成本。对比两种方案时，可以忽略相同的成本，关注不同的成本，然后做出决定。

我们在进行方案二选一时，忽略两者相同的部分并不影响最终判断。筛选出两者的差别，便于快速决策。分析研究差别，可使决策更准确。

当然，这并不意味着不要关注两者相同的部分。之所以忽略相同的部分，是因为即便忽略这部分，对结果也毫无影响，所以查看两个方案中的相同部分没有意义。利用有限的时间和精力，全方位对比两者的差别才是符合财务思维的正确做法。

第2步中介绍的机会成本和沉没成本也是基于对比形成的概念。机会成本是指选择这种方案，而放弃了另一种可带来收益的方案后错失的收益。由此可以看出，这一概念也是以对比两种方案为前提的。

沉没成本是指不论选择哪个方案都会产生花费的成本。以图2-1中研讨会的沉没成本为例，不论在当前时间继续参加研讨会还是立即退出，已经支付的30000日元都无法收回。两者对比后，才能发现方案的共通之处。因此，这一概念也是以两种方案的对比为前提的。

■ 容易出现问题的"预算差额"

企业在经营中经常用到对比。

提交给管理层的月度报表中，不论哪家公司都会包含同比数字。

同比或者与预算相比，是增是减？原因在哪里？董事会或者高层管理会都围绕这些问题进行讨论。

为了应对管理层和上司的询问，下属在现场肯定会准备好同比、预算比的各种说明数据。同比数字，在经营领域就是比对销售额，在制造领域就是比对制造成本。我们只要把握好所属业务范围的数据就好。

容易出问题的是预算。"请说明为什么成本会超出预算。"付出巨大努力才做出的方案，被上司这样质问时，我们却很难解释清楚为什么会超支。为了防止这种情况的发生，我建议在预算阶段进行细分。

我们应把握成本差额，并且清楚地了解这些差额能带来哪些不同的效果。关注差别就可以又快又准确地做出决策。

> **❶ 要点** 关注成本差额有多少，以及它们会产生什么效果。

> 关键词：对比

确定公司的"判断标准"

- **确定最初目的**

    以前文讲过的在法国餐厅就餐为例。

    如果是约会，就要慢慢享受就餐的过程。菜品越多，享用的过程也就越完美。反之，如果时间紧张，还是速战速决的套餐更合适。我们要根据就餐目的来确定点多少菜或者选择什么套餐。

    根据目的预设判断标准后，判断就会更容易，上司对你的认可度也会更高。

- **用数字形式使各项标准更明确**

    我们在确定判断标准时，需要事先明确公司的"判断轴"——公司重视什么、该项目是否真的有操作价值等。然而，很多公司实际上并没有明确自己的判断标准。

判断轴并不是只有一个，经常会有很多个。此时，有人会用"◎、○、△"等非数字化符号，做出模糊不清的判断。因为这些模糊不清的结论，提案人可能会受到管理层的严厉指责。

将判断转化为数字形式后，提案人可根据数字进行严谨的判断。提案至少在论点和程度上是明确的，被上司指责的可能性就会降低。

能够用数字形式表示的东西，就尽量用数字表示。这是财务管理的基本认识。

定性因素也应尽量与定量挂钩。大家往往认为，业务部门和制造工厂的生产性可以用数字形式管理，而管理部门的生产性却无法使用数字形式管理。但是事实并非如此。

例如，财务部门"提前完成结算任务"，人事部门"降低离职率""提高员工满意度"等，这些都可以进行数值转化。只要能进行数值转化，进程管理就会变得更容易。

前文提到过某公司在东京银座开设的旗舰店，它的目的并非是盈利，而是为公司做宣传。因此，对这个店的判断标准就不是盈利与否了。

只不过，在实际经营管理中不可以无限制亏损，因此，企业往往会设定亏损限额，比如"每年亏损额不得超过2亿日元"等。

这个时候他们的判断标准是这样的：从优先顺序上讲，第一位是广告宣传效果，第二位是收益（亏损限额2亿日元）。

这样，我们就可以理解该公司在东京银座开设旗舰店的意义和效果了。为此，该公司需要事先规定亏损限额的红线，规定每年亏损总额不超过多少。

■ 根据公司战略进行决策

数字标准固然可靠，然而比它更重要的是"判断标准是否符合公司战略"。

爱丽思集团（IRIS）的产品相当有特点，或许因为产品并非出自专业电器制造厂。爱丽思集团的产品廉价，而且功能较为集中。开发产品前，公司会让员工使用其他厂家的产品，让他们作为消费者来评估哪些功能必不可少。这样，在研发时省去不必要的功能，做到了低成本研发制造和廉价销售。

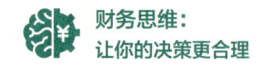

大多数家电厂商,都会把各种功能一股脑地装载在产品上,价格自然高昂。爱丽思集团(IRIS)注重的是凸显特色功能的"差异化战略"和保持产品低价的"价格领导权战略"。

在产品研发阶段,爱丽思集团就给研发人员灌输了自己的判断标准,那也是公司的强项——产品的功能魅力和"物有所值"的性价比理念。为了保证"物有所值",首先需要设定一个能让消费者心动的价格,以此为前提进行研发。因此,爱丽思集团的判断标准里不会出现"功能众多"这样的内容。

根据公司战略确定判断标准,就避免了同行业内产品趋同的问题。

■ 出现多个判断标准时,要确定优先顺序

判断标准并不唯一。此时,需要确定判断标准的优先顺序。

在商业实务操作中,我们要收集多个候补方案,分析为什么选择它们作为候补方案,以及它们的优势在哪里,然后将这一观点作为判断标准的补充选项进行分析和判断。

也就是说,我们要在收集方案的同时确定判断标准,避免

第 4 步
对比差值

在马上要进行判断的时候才确定判断标准,这一点很重要。

▪ 重要的判断标准,要做到全员共享

企业以盈利为目的,原则上它们会更重视收益。

人们往往会关注销售收入。但实际上有的项目即便一时的销售收入增加,但最终还是亏损的。站在公司的立场上,这种投资项目还是不做为好。因为一旦投资这种项目,其他业务部门产生的利润都会被它吞噬。只有果断拒绝这种项目,公司整体利润才能得以保全。

但是,也有一些公司,它们的战略定位是"业界第一"。对这样的公司来说,只要销售收入可以增加,即便最终是亏损的也要投资。不过这种情况是暂时的、例外的。

假设有两种投资方案,A方案可实现10亿日元的销售额,但几乎没有盈利;B方案可盈利2000万日元,但销售额不超过8亿日元。对于这两种投资方案,公司会选择哪一个呢?每个公司都会根据各自情况做出合理的判断。

如果是销售收入至上的公司,虽然不盈利,但是为了增加

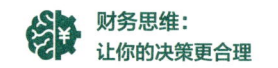

销售收入，会采纳A方案。如果是以盈利为判断标准的公司，销售收入虽然不太理想，但为了盈利，会采纳B方案。

例如，某方案最终销售收入能达到12亿日元，但初期会亏损1000万日元。了解该情况后公司可能仍然决定要投资。投资者并没有把这里的1000万日元当成亏损看待，而是把它看成了提高市场占有率的成本。

通过这项投资，如果能占据业界第一的位置，那么之后品牌影响力和顾客忠诚度会得到提升，这会给公司带来源源不断的收益。

为了提高公司的影响力，付出1000万日元值得吗？如果能用数字说服大家，我想该方案肯定能通过。

以上就是有关判断标准的事例。把什么用作主要的判断标准？有无优先标准？有时，公司会以收益作为优先判断标准；有时，为了服务公司经营战略，在特定情况下，公司即使亏损也要把销售收入作为优先标准。

问题是，有的公司在毫无经营战略的前提下，在沉默中就确定了优先标准。

选择投资方案时所重视的优先标准务必要让全体员工都知晓，这一点很重要。公司在决策时，数字不代表一切，这也是财务思维的一种体现。

> **❗要点**　不可在毫无经营战略的前提下，在沉默中就确定了公司的优先标准。

关键词：对比

收集所有备选项，最后进行比较

■ **广泛征求方案，然后逐步筛选**

确定好判断标准后，要毫无遗漏地收集备选项，广泛考虑哪些方案符合判断标准。

假设我有在疲惫的周末不想打扫卫生这样的苦恼，此时"美好的周末时光不要浪费在打扫卫生上""不费力气"就成为重要的判断标准。不过，除此之外，在现实生活中，成本也会成为很重要的判断标准。

在这样的判断标准下,我首先想到的是让扫地机器人来打扫房间。当然如果仔细找的话,还会发现各种价格的扫地机器人。像这样,刚开始尽可能大范围地收集方案信息。但仅有让扫地机器人来打扫房间的方案作为备选项是不够的。因为家里人曾跟我提过"要不要请钟点工来收拾房间",所以钟点工也应该作为备选项之一。

工作中同样如此。例如,上司问你"这个方案你仔细研究过吗"时,上司的意思是你需要重新整理方案了。这种返工都是思虑不周导致的,应尽量避免。我们一定要根据目的和判断标准排除先入为主的主观意见,广泛征求方案。

我们在广泛征集方案后,面临的是筛选。学习建导和逻辑思维等商业技巧时,我们会遇到"扩散与收拢"这一概念。财务管理也是一样,首先是广泛地考虑,然后是准确地筛选。

如果扫地机器人的清洁效果都差不多,那么就选择较便宜的扫地机器人来清扫房间。

这种做法在商业经营中同样适用而且高效。

如果上司问"你研究过这个方案吗",如果你把它当作选项之一研究过,就可以回答自己研究了这个方案,但是觉得不合适就放弃了。根本没研究过和研究并形成方案之后放弃了方案,这两者的说服力大不相同。

■ 关注差别,进行对比

如果有多个方案,最后就要一一对比。此时,就像前面讲的那样,要关注各种方案的不同之处。

以周末打扫卫生为例。按照节省时间、减少麻烦、降低成本的顺序确定判断标准后,收集各个方案的相关信息,然后对比各种方案的差别,做出最后决定。

首先,不论是扫地机器人还是钟点工,如果他们都能使我从打扫卫生的难题中解脱出来,使我的打扫时间为零,那么每个周末我都能节省两个小时的清扫时间。

其次,麻烦程度不同。如果请钟点工,那么每次都要预约,还要跟他说明工具放置点和委托内容等,做这些事情非常麻烦。而扫地机器人需要使用者对其进行定期维护保养。如果把这些事情换算成时间，对比就容易多了。如果还嫌麻烦，就对比一下选择哪个方案，自己能更省心。为了便于对比，能用数字表示的，就尽量用数字表示。

在商业经营中，企业研究投资方案时，往往会提出多个方案以供决策人选择。

审批"工厂设备老化，想更换新设备"这一方案时，会考虑费用问题和投资效果。

除自己主推的方案外，再提交其他两个方案。如果把投资回报期的长短、生产性的强弱、操作效率的高低等转化为数字，这样在评估方案时，可增强说服力。如果多人共同决策，数字一目了然，决策不容易产生分歧，并且后期验证时也会更方便。

也就是说，收集并提出所有可能实行的方案，将它们的特征用数字表示出来，这样才能保证审核一次性通过，避免返工。

> ❗ **要点** 收集并提出所有可能方案，将它们的特征用数字表示出来。

> 第 4 步
> 对比差值

关键词：对比

讨论多种方案时，使用"门槛回报率"作为判断标准

■ 重视收益率

前文提到过，公司在商业经营中有必要多准备几套方案。公司的判断标准中经常会用到"门槛回报率"这个指标。

公司审批方案的原则之一就是收益率不可低于某个数值，这个数值就是门槛回报率。在会计术语中，有"盈亏平衡点"这个概念。它是指为了避免亏损所需的最低限度的营业额，是最低营业额目标值。

在财务思维中，盈亏平衡点可以理解为门槛回报率。也就是说，它是投资后需保证的最低收益率。

■ 标准不得低于加权平均资本成本（WACC）

在确定门槛回报率时，前文中提及的"为筹钱所花的钱"

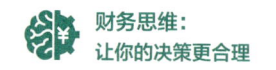

成为制定门槛回报率的标准。

公司主要通过两种方法筹集资金。一是银行贷款，二是股东募集。贷款需要支付利息，而股东募集要支付股息，谁都不会白借钱给公司用。

公司筹集资金时，要计算筹钱所需平均利息和股息等成本与所筹集资本的比率，即加权平均资本成本。

加权平均资本成本（WACC）的英文全称是"Weighted Average Cost of Capital"。我们无须记住它的全称，只要知道它可以表示筹集资金时所需费用即可。

投资是为了盈利。因此，投资后的收益不可低于投资时筹集资金所用的成本。

上市公司的加权平均资本成本大概是5%～6%。也就是说，要想通过一个投资方案，该投资方案本身的收益率不能低于6%。不过，这个数字因公司而异。这是因为筹集资金所需费用与公司信用度有很大关系。

严格来讲，收益率与加权平均资本成本持平的方案是不会通过公司决议的。收益率与加权平均资本成本持平意味着该方案只能收回筹集资金所用费用而已。也就是说，这个方案不挣钱，做了也白做。

因此，在决定是否通过该方案时所采用的门槛回报率，往往高于加权平均资本成本。公司期待的收益率和加权平均资本成本便是门槛回报率。

加权平均资本成本的计算非常复杂，完全可以委托财务部门的专业人士来做。公司业务部的人负责提出投资方案。比起加权平均资本成本，他们更应该了解门槛回报率。如果在制订方案时以门槛回报率为准，方案就很可能通过。

门槛回报率是决定能否投资的门槛。制订方案时，提前考虑这一因素，方案会更容易获得批准。

■ "内部收益率＞门槛回报率"是必要条件

为了与门槛回报率做对比，企业还需要了解投资方案的收益率，这就是内部收益率（IRR）。

内部收益率是投资方案收益指标，用百分率表示。与净现值一样，该指标将时间价值与收益率都考虑在内，是公司管理

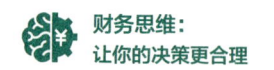

的常用指标。它将投资方案当作一种金融产品，采用复利方式计算当年收益。计算内部收益率时需要用Excel软件进行复杂的运算，因此，业务部人员只需掌握概念即可。

在实务操作中，我们要对比内部收益率与门槛回报率，内部收益率高于门槛回报率是通过方案的必要条件。

> ❶ **要点**　内部收益率高于门槛回报率是通过方案的必要条件。

关键词：对比

灵活运用净现值与内部收益率

■ 投资目标国不同，对投资方案的内部收益率要求也不同

以日本国内投资方案与发展中国家投资方案为例。假如两种方案的投资规模都是1亿日元。那么，两种方案各自有多少收益诉求呢？

**第 4 步
对比差值**

大部分人都希望在发展中国家的投资方案能带来更多利润。这是因为，发展中国家在经济和政治环境方面没有日本稳定，投资很可能铩羽而归。这里可以用财务思维来分析。

国际企业按国家和地区不同制定了不同的门槛回报率。例如，日本的门槛回报率为3%，中国的门槛回报率为5%，各个国家投资方案的门槛回报率各不相同。如果达不到既定的门槛回报率，方案很难通过审议。同一投资方案，如果在日本国内进行，可能会通过，而在其他国家进行的话，可能会被否决。

身处公司内部，投资方案所需资金不用自己操心，所以往往意识不到这个问题。但是，内部收益率低于预期投资方案中的内部收益率，从财务管理的角度来看，就是亏损。

收益低于筹集资金所需费用，还不如什么都不做。不做至少不会产生筹集资金的成本。

如果有多个投资方案，内部收益率最高的会被公司优先采纳。公司资金是有限的，为了达到最高利用率，从财务管理的角度来看，应该把资金投在内部收益率最高的方案之中。

■ 并用净现值与内部收益率指标

在过去，经常以金额的大小来比较净现值。不过现在有时也会用年利率的方式来做比较。因为公司预设的门槛回报率采用的是百分比的表示方法，所以如果净现值也用百分比表示，两者对比起来会更容易一些，这就是内部收益率。

实际上，净现值与内部收益率是互为表里的关系，只是单位不同。企业经营者或董事们都能意识到这一点，因为他们每天要审查很多方案，更有经验。而业务部的负责人员水平有限，很少有人能具备这样的视角。

例如，某投资方案金额为2000万日元。此外还有两个方案，投资金额分别为2亿日元和20亿日元。金额各不相同，所以各种指标数字也不同。因为投资规模不同，只从金额上对比的话，很难做出准确的决断。如果使用年利率对比，很容易就能发现哪个方案内部收益率高一些。也就是说，内部收益率是研究较大投资方案时首先需要考虑的指标。在此基础上，再去关注各个方案收益金额的大小，也就是净现值。

内部收益率相同时，净现值100万日元的方案和净现值

第4步
对比差值

1亿日元的方案，公司会优先通过1亿日元的方案。因为执行方案要花费时间和精力，所以公司最终会选择收益金额大的方案。

但是，如果公司只能筹集10亿日元资金，那么该金额就是投资方案的上限。如果一项投资需要20亿日元资金，那么即使内部收益率非常高，这套方案也只能作罢。也就是说，在实务操作中，初始投资的多少也是判断标准之一。

一般情况下，在商务活动中，我们会同时使用净现值和内部收益率这两种指标。在面临多个投资方案时，把握好每个方案的投资金额与收益的相关指标，决策就会更加顺利。

本章中介绍的净现值、内部收益率、投资回收期是公司财务管理中经常用到的三大指标。

下面从各指标的安全性和收益性两大判断要点入手，进行数字化评估（表4-1）。希望业务部的各位充分理解各个指标的含义，而不是仅仅关注它们的计算方法。

实际的计算工作由财务部门等专业人士负责，所以没必要深挖具体细节。但是为了精确计算，业务部需要准确且完整地提供"何时产生了怎样的成本"等信息。

因此,请大家务必深刻理解第2步及本章节提及的要点。

净现值、内部收益率、投资回收期这三大指标中,哪个最重要呢?

结论是每个公司都不同。这取决于公司的业务类型和公司文化。只要了解公司重视、强调哪些指标,围绕这些指标推动工作,就会顺利很多。

> ❗ **要点** 投资回收期、净现值和内部收益率是财务管理的三大指标。

表 4-1 三大财务管理指标在决策中的作用

指标 (单位)	安全性 (时间早)	收益性 (赚得多)	评估方法
投资回收期 (年)	可判断	无法判断	越短越好
净现值 (日元)	可判断	可判断	越高越好
内部收益率 (%)	可判断	可判断	比公司的门槛收益率越高越好

第4步
对比差值

关键词：对比

提前预测意外情况，做最坏的打算

假设某公司在国内投资建厂已获得公司高层多数人同意，下面，我们模拟需要想到的所有情况。

模拟内容包括投资效果显现的年数、初始投资的金额和销售额。

在第2步中我曾提到成本估算比销售额更重要。销售额难以预测，因为它们取决于客户和市场。那么，对于这种公司自身难以掌控的因素，用财务思维应该如何应对呢？

例如，假设我们预测"工厂产品的销售额为20亿日元"，并且这一预测准确率较高。那么，我们还要分别再预测一下更好或更坏情况下的销售额，并将其产生的影响转化成数字进行评估。

销售不佳情况下的数据比销售良好情况下的数据更重要。在最坏的情况下，公司根据财务状况，确认可能承受的损失。

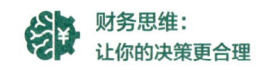

如果公司损失太多，请考虑减少初始投资。

通过初步计算，公司就会确定销售额达到什么程度需进行干预，这样就能有所准备，而且后期验证也会变得更加容易，还可以作为经验教训，在未来投资时帮助提高预测的准确性。

据说热衷于投资的日本某大型电信公司在研究收购方案时，曾做了2000种方案模拟。投资规模越大，就越需要提前预想到各种事态，而这些工作中最重要的就是"提前预测意外情况"。

> ❶ 要点　确定方案后，预测投资效果显现年数、初始投资的金额和销售额。

第5步

分解为各种要素

关键词：分解

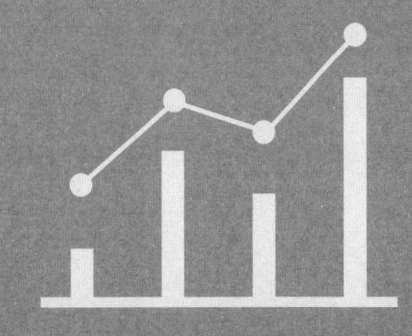

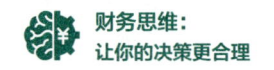

数字太大,很难把握它的"真实面貌"。

把数字分解为自己能够把握的要素,就能发现它的真实情况。

"把数字分解为自己能够把握的要素",这是财务思维的基本认识之一。

特别是在商业经营中,有的数字非常大,难以理解,为了能够准确把握它,我们可以转换单位,还可以使用乘法进行分解运算。

我在日本麦当劳工作期间,每年来店的总人数达到14亿人次之多。14亿这个数字远远超过日本人口总量,所以,很难想象这是一个什么样的数字。当时,为了容易理解14亿这个数字,我做了单位转换。日本人口数约为1.26亿人(2019年6月数据)。14亿这个数字相当于所有人每月都来一次麦当劳。

第5步
分解为各种要素

虽然事实并不是这样的，但通过单位转换，就能很容易把握这个庞大的顾客数量。媒体很擅长这样的计算，通过单位转换就能较易把握读者状况。

分解的效果并不止这些。公司大都采用分工合作的形式，每个部门确定各自的关键绩效指标（KPI），它可以促进各部门自觉改进工作。管理用数字表示出来，进度管理也变得更简单。

关键绩效指标是改善公司绩效的一种机制。掌握关键绩效指标的关键不是定义或公式，而是透彻理解关键绩效指标到底起了什么样的作用。业绩是否改善成功取决于公司是否制定了符合自身状况的关键绩效指标，以及是否明确了指标的优先顺序。

在本章中，让我们看一下投资项目确定后，执行阶段需要掌握的"分解观点"，即分解关键绩效指标的重要性和效果，以及在实际操作中如何分解和使用它们。

财务思维：
让你的决策更合理

关键词：分解

越大的数字越要分解，
要按单位数字进行分析

■ 分解后进行比较

　　日本全国的便利店数量大概有5.56万家（2019年10月数据）。听到这个数字后，你能判断出数量多少吗？如果换算分解为每家店对应的人口数，或者换算为其他单位数量，就容易判断了。

　　现在日本的人口总数约为1.26亿人（2019年6月数据），除以便利店的数量后，可以得出每家店对应的人口数为2270人。也就是说，只要某个商圈的人口数达到2000人左右，就可以开设便利店。

　　对于庞大的数字无从下手时，将其分解，按照新的数量单位理解的话，就会变得容易。为此，需要并用第4步的对比法进行综合分析。

　　日本全国的牙科诊所数量大概是6.9万家（2018年12月

数据）。仅看这个数字，你可能无法判断牙科诊所的数量规模。不过，使用对比法，这一数字就易于理解了。

我们尝试与刚刚讲的便利店进行对比。日本人口数量除以牙科诊所数量后可以得出每家牙科诊所对应的人口数量为1826人。也就是说，每1826人就有一家牙科诊所。相比牙科诊所，在日本每2260人就有一家便利店。

从结果可以看出，牙科诊所的密度要高于便利店，而且每家诊所对应的人口数比便利店还要少400多人，由此可见牙科诊所的竞争多么激烈。

通过这样的分解，很大的数字瞬间就变得清晰易读。

同样，"工厂每年产生的不良品数量有3万多个"乍一听可能觉得数字庞大。如何评估这一数量呢？仅凭这一条信息可能无从下手。如果每年工厂的零件制造数量是100万个，那么不良品率为3%。如果每年工厂的零件制造数量是1亿个，那么不良品率为0.03%。很明显，这个程度是非常低的。只要不是医疗用品等事关生命安全的重要物资，0.03%的不良品率并不高。这样，不单看"产生数量"，而是关注"产生率"，通过这种方法，即使每年制造数量有所不同，也可准确把握不良品发生情况。

▪ 计划引进福利制度时，该怎样决策

公司准备为全体员工发放某项福利，总费用大概是4000万日元。这个金额是否妥当呢？谁都无法马上回答这个问题。因为公司规模不同，4000万日元福利费所代表的意义完全不同。

因此，我们要把4000万日元平均到每个员工，看一下他们到手后的金额。

当公司员工分别为10000人和1000人时，每人得到的平均金额分别为4000日元和40000日元。于是，我们可以做出这样的判断：每人4000日元偏少，而每人40000日元则太多。

与同期提交的其他方案对比，即使投资性质不同，如果使用通用单位来比较，也可在同等条件下进行判断。我们要重视数字单位，越是容易掌握的数字单位，越能帮助我们快速决策。

单看数字，人们很难处理好一个项目，因为难以判断它是否正确。为了做对比，在提交实际数字之后，必须想办法转换

数字单位，列举类似案例，采用图表等容易理解的形式，把数字表现出来。

■ 通过分解，加深记忆

在做商业判断时，对重要程度的判断很容易出问题。事情重要程度不同，所花费的时间和精力也会有所不同。这一点需要我们特别注意。此时，可用来协助我们做判断的仍然是数据。

麦当劳旗下很多连锁店把结账柜台和食物发放柜台分开设计了，这样做是为了提高工作效率。怎样高效地把食物交到客人手里？他们为此把时间精算到秒。如果能节省0.1秒，结果会怎样呢？如果每次点餐都能节省0.1秒，那么所有店铺加起来可节省4.4年的时间。这就是每年顾客数乘以0.1秒后得出的结论。在这种情况下，我们要记住每年顾客数量为14亿人次（我在职时的数据），否则就无法马上得到结论。

0.1秒看似是很小的计量单位，一旦计算后就会发现它的影响非常大。

因此，在公司经营中，关键就是把握数字，尽可能记住各种数据。当然，不需要记得太准确，记住能用来评估影响的大概数据即可。现在商业发展速度非常快，所以更推崇公司职员当场计算得出结论，而不是去临时调查。

> **要点** 分解数字，对它有一个可把握的印象，而后再去记忆，就可以瞬间对事情的重要性做出准确判断。

关键词：分解

分解后就知道应该怎样行动

■ 对可控项目进行优先排序

您肯定见过电费清单吧？日本的电费清单上的主要内容是当月电费，旁边会有小字提示当月用电量、上月用电量和去年同期用电量。当然，清单的主要作用是提示应缴金额。人们根据金额的多少判断本月用电量，这样做当然没错，但实际上与节省电费关系最为密切的是用电量，而不是金额本身。

第5步
分解为各种要素

　　电费基本上由"电费单价×用电量"决定。其中，电费单价由电力公司决定，我们无法改变。日本的电力市场放开后，我们可以选择电价便宜的供电公司，而且与煤气费用一起办理会享受折扣，供我们选择的方案越来越多。尽管选定了合适的供电公司，但如果自己不节约用电，那么电费金额是不会减少的。所以，我们查看每个月的明细时，只需查看用电量即可。

　　如果用电量增多，那么我们要注意是不是没人的房间也开灯了？空调温度是不是设置过高或过低了？电视的音量是不是太大了？这样可以通过查找原因对症下药。

　　当然，关注金额变化也无可厚非。虽然电价不是每月都发生变化，但是受原油价格影响，电价偶尔也会做出调整。尽管如此，实际生活中能通过自己的努力改变电费的方法就是节约用电量。

　　手机的话费同样如此。查找话费过高的原因时，请先正确分解你的话费，而后检查一下通话时间和数据流量情况。确定哪些因素是自己无法改变的，哪些因素是可以通过自身努力来改变的，看一下这些因素是怎样变化的，然后再做出判断。有时，换套餐也不失为一种明智的选择。

在财务管理中，人们会确定这些项目的优先顺序然后再做管理。

▪ 为什么"购买700日元以上商品"才能获得抽奖资格

这种分解方法如何应用在商业领域？

便利店经常会举办抽奖活动，顾客单次购物金额超过700日元即可抽奖1次。这种做法就是利用了单位数量的原理。

销售额可用"顾客数量×顾客单次消费价格"表示。便利店要提高销售额，需要提高顾客数量，或者提高顾客单次消费价格，或者同时提高这两大因素。很明显抽奖是为了提高顾客单次消费价格。

如果便利店的顾客单次消费价格为650日元，在此基础上想要大幅提升可能有些困难。但是，只要再多买1件商品就可稍微提升顾客单次消费价格。能让顾客下决心再多买一件商品的就是抽奖活动。

让顾客再购买多件商品可能有些困难，但是让顾客多买1

第5步
分解为各种要素

件商品并不难。抽奖活动正是利用了顾客的侥幸心理。

虽然人们平时购物金额在600日元左右，但是如果买够700日元即可抽奖，很多人都会随手在收款台附近再拿一些100日元左右的商品凑够抽奖金额。

便利店正是预料到了这一点，才会在收款台附近摆放了口香糖、包子等100日元左右的商品。这样做除了可激发顾客"追加购买"的意愿，还可用于抽奖等营销、促销活动。

抽奖资格既不是单次消费满800日元，也不是单次消费满600日元，而是单次消费满700日元，这是分析各种数据后得出来的结论。

为什么使用抽奖这种营销策略？是为了提高顾客数量还是为了提高顾客单次消费价格？提高多少？这些都取决于经营战略。如同第4步所讲，分解数字后需要确定最终判断的标准，而确定判断标准的根本依据就是经营战略。

通过因数分解产生的要素非常多，所以使用这一方法可以找出所有可能的方案。我在前言中曾举过枚举分析法的例子。从性质来看，数字的因数分解法是真正的枚举分析法。

> **要点** 对于可通过自我意志改变的项目,设定它们的优先顺序并进行管理。

关键词:分解

分解后可及时进行"定点观测"

公司会根据利润来评估绩效。但是,从会计部门结算时的繁忙程度可以看出,数据整理需要花费大量时间和精力。在实际的业务操作中,各部门不像会计部门那样,他们无须把握整个公司的各种利润数据,只需关注自身业务数据,并进行定期确认即可。

这与体检时医生劝你再做一次检查是同样的道理。在血液检查中发现血糖值异常怎么办?要做到天天测血糖几乎是不可能的。那么,除每两个月去医院检查一次血糖之外,平时也要通过其他数值对血糖进行控制管理,例如减少主食摄入、每周两次健身、每天监测体重等。

第 5 步
分解为各种要素

在现场通过定点观测能立即掌握数据有无异常,这样很快就能发现问题并想到解决办法。这些数字是利润的"先行指标"。

及时把握是为了及时处置。

通过数据进行管控虽然高效,但有时收集和整理这些数据需要花费大量时间。此时,使用与它相关的一些数据更为高效。在业务部门,相关数据可以是订单金额或者销售数量;在制造部门,相关数据可以是不良品数量等。分解法也有助于收集其他便于管理的数据。

> **❗ 要点** 通过分解,可以定期查看数据表现。

关键词:分解

分解后变成自己"分内的事"

■ **分解目标:由谁、做什么、做到什么程度**

公司中的不同职员从事不同的业务活动。因此,每家公司

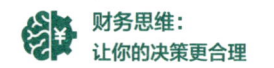

都设有多个部门。

公司组织结构图明确了各部门之间的关系，职务分管章程规定了各部门的职能和作用。在外资企业中，除部门职能外，有的公司还对个人职能做了要求，也就是平时所说的"岗位职责说明"，其目的是为了规范每个人的工作行为。

日本职场向来注重"心有灵犀"式的工作关系，所以大都没有明确规定个人的职责和职务。

不过近年来，很多公司开始使用任务数据来设定目标。它并非像国外的岗位职责说明那样定义业务内容这一"过程"，而是定义工作目标这一"结果"。

在评估时，使用数据评估会容易得多，所以越来越多的公司使用定量法设定目标。

许多公司都设定了"将销售额提高××亿日元"的目标，但这样还不够。销售额包括公司经营的各种产品，它们的单价各不相同。"将销售额提高××亿日元"只是笼统的说法，我们无法获知具体包括哪些产品、销量增加多少等信息。有的产品销量可能已经达到饱和状态，很难有新的突破。

特别是普通居民消费品，有时它的单价并非由业务部门决定。因此，业务部门在确立目标时，不妨以销售量为目标。既然不能控制单价，只好从数量入手。

重要的是把可控部分交给可以控制它们的人去做，让他们做好分内的事。

▪ 为什么应该关注自己负责的那部分数字

"你应该完成多少工作呢？"为了履行工作职责，首先你必须正确回答这个问题。但是，有观点认为很多日企员工无法回答这一问题。我在外资企业工作过，对此深有感受。

首先要明确自己职责部分的相关数字以及必须达成的数字指标。业务部门会明确月度、季度、半年以及全年的营销目标。业务部门的数字目标相对清晰，而其他部门的目标却模棱两可。

其实不管哪个岗位，都应确立工作目标。必须达到什么样的工作成果，应该以数字的形式表现出来。公司所有的业务都与收益数字相关，大家是分工合作的关系。

制造业有"成品率"指标。如果员工负责生产线，就会有数字指标任务，例如实际成品率需改进到多少，或者作业时间减少至多少分钟。

如果在人事部门负责劳务方面的工作，就会有努力实现全年离职率降至××这样的目标。

对于工作不可模棱两可，我们应将工作目标转化为数字形式并考虑如何去执行。注意此时要进行定量思考，而不是定性思考。重点在于结果，而不是过程。

为什么应该关注自己负责的那部分数字？有两大理由：

其一，明确了自己职责范围内取舍的标准。怎么做才能得到公司的正面评价？弄清楚这个问题，便可以开始考虑生产性和工作效率的问题。

如果你的任务是提高员工对公司福利政策的满意度，那么可以去听听人力资源服务公司的意见或者参观其他公司，借鉴一下他们的做法。只要明确了取舍的标准，那么就能很好地进行自我评估。

其二，能帮公司做出更好的决策。

如果你可以帮公司做出更好的决策，那你就会获得较高的评价，能够获得更好的工作机会。形成良性循环后，你就可以帮助公司提高效益，还能够利用这些数值提出企划案。

> **要点**　用数字形式提出一个定量目标，而非定性目标。

公司内充斥着各种关键绩效指标

关键词：分解

通过分解数字，我们可以知道如何行动，可以定点观测，可以知晓自己的职责所在。这是分解数字后显现的三大效果。近年来，越来越多的企业在评估部门业绩或个人表现时引进了关键绩效指标。

关键绩效指标听起来似乎很难，其实它就像矢量的方向和长度一样，是通过将"必须关注的重点"和"有多少量"进行因式分解而得来的。

公司经营的最终目的是提高业绩。为此，各个部门都设置关键绩效指标，努力达成目标。因此，公司内会充斥着各种关键绩效指标。

但是，每个部门都设置了相应的关键绩效指标，有可能出现相互制衡的关系。如果各个部门只完成自己的关键绩效指标，有时各部门的关键绩效指标可能会相互干扰，最终难以提高经营业绩。这就是为什么要在内部设置优先顺序。

我在麦当劳工作时，社长原田泳幸先生一直对我说："我们要优先关注顾客数量。"为了提振低迷的销售业绩，需要从分解后的顾客数量和顾客消费单价两大因素入手。但是，这两大因素在某种程度上相互对立，需要决策者做出权衡选择。如果增加消费单价，顾客数量势必减少。因此，原田泳幸先生提出了时间差战略，即先关注顾客数量，当其恢复后，再提高顾客消费单价。这样，确定好优先顺序并及时传达各个部门之后，各部门员工就可以放心大胆地采取措施增加顾客数量了。

第一步是正确传达要求，这样才能让大家各司其职。管理层对所有部门的成员都要做到这一点。

> ❗ **要点**　公司管理层应先决定"现在重点做什么",然后传达给每位成员。

关键词:分解

根据业务类型确定关键绩效指标

零售业的财务业绩关键绩效指标之一是"现有店铺销售增长率",它体现了上一年度和本年度都在经营的店铺销售额的增长情况。该指标不包括新店铺的销售增长率。

关注店铺销售增长率是因为它代表了品牌自身的实力。日本的零售业大多是靠店铺获得销售额的,增加店铺数量自然会提高销售额。该指标排除了新店铺的各种不确定因素的影响,只关注现有店铺的数字增长。

制造业关注"工厂开工率"。卡乐比公司前董事长松本晃先生上任后立即着手改善工厂的开工率。他在调查营业利润暴跌的原因时，发现工厂的开工率很低，于是采取了各种措施来改善这一指标。

我曾在报纸上看到一篇有关取消银行销售配额的文章。大多数银行往往不会直接取消配额，而是将配额内容从目前的销售业绩划转至客户托管资产余额中。这一做法备受社会批评，社会认为这一做法忽视了客户的立场和利益。

设置关键绩效指标为评估对象后，员工会努力实现其数字目标。如果将销售额设为配额，有的人就会采取不正当手段在销售后毁约并再次拿来销售。从长远来看，这种方法无益于公司的业务绩效增长。因为关键绩效指标极大地影响着人们的行为，所以请公司务必选择一个恰当的评估指标。

> ❗ **要点**　由于关键绩效指标极大地影响着人们的行为，所以请公司务必选择一个恰当的评估指标。

第 5 步
分解为各种要素

关键词：分解

从"市场占有率"和"利润率"着手扩大销售额

■ 分解"市场占有率"

雀巢公司（日本）开展了一项名为"雀巢咖啡大使"的活动。把咖啡机安装在办公室后，大家把买来的咖啡胶囊投入咖啡机即可享用咖啡。雀巢公司（日本）不会直接参与咖啡机的日常使用和管理，而是采取了另一种销售管理形式——被称作咖啡大使的职员自费购买咖啡胶囊后，将做好的咖啡卖给同事。

就如同办公室的打印机，机器本身价格设定很低，主要靠耗材赚取利润。咖啡胶囊就是耗材，咖啡机就是打印机。咖啡胶囊带来的收益源源不断，远超销售咖啡机所带来的收益。

作为速溶咖啡中的知名品牌，雀巢咖啡在个人市场的占有率非常高,远超其他竞争对手。但是,在办公室市场却没什么份额。大家喜欢在家里喝它,所以它的口感没有问题,而且雀巢公司在社会上的品牌渗透度很高,因此进军办公室市场的话,肯定能取得不少份额。雀巢公司(日本)进军办公室市场的办法就是开展"雀巢咖啡大使"活动。

在哪里喝咖啡?通过什么渠道销售咖啡?分解市场份额的诸多要素之后就能发现新的商机。

▪ 着眼于"利润率"

日本麦当劳每年都会推出像"可乐饼汉堡"和"樱花汉堡"这样的应季限时菜单。限时菜单的销售时间很短,售卖时间往往不到一个月。此外他们还推出了常规菜单,常规菜单加上限时菜单的收入就是销售额。

那么,为了提高收益,应该主推哪种菜单呢?这点对财务管理来说非常重要。因为,如果只是销售额上去了,而收益没有改善,就结果而言是毫无意义的。也就是说,务必要着眼于"利润率"。

第 5 步
分解为各种要素

　　曾在日本的麦当劳、宝洁、汉高等公司负责市场营销工作的足立光先生指出：70%的销售额来自常规菜单，30%的销售额来自限时菜单，但活动费用和广告费用却都花在了限时菜单上。

　　足立光先生在麦当劳工作的三四年间，带领公司实现了V字反弹式的业绩。他认为对仅占销售额30%的限时菜单投入再多的经营资源，最终收益份额也不会超过30%。因此，还不如将经营资源投入到占销售份额70%的常规菜单中去。

　　常规菜单是持续经营的菜单，因此营销效果也会一直持续下去。

　　从财务管理的角度来看这种分析也是合理的。即使两种菜单都增加了50%的内容，从整体效果上考虑，不如着力提高市场份额大的常规菜单更有利。

　　限时菜单所需原材料只能在当季买到，由于交易量少，成本变得相对昂贵，所以利润率很难提高。特别是仅限日本国内销售的限时菜单，无法利用整个集团的采购资源，所以

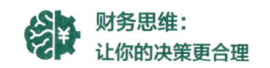

在受到时间和区域双重限制的情况下，很难实现规模采购的成本优势。

这些原因导致限时菜单的利润率很低。公司要重视盈利能力，而不是销售额，所以重点关注常规菜单才是财务思维的正确选择。

限时菜单主要用于广告宣传，它"营造出一种节日气氛"，借此吸引顾客。麦当劳在广告宣传上投入大量费用，但在电视广告上宣传限时菜单的情况却不多。因为推出限时菜单本身就是一种广告宣传，而电视广告主要是为了宣传常规菜单和麦当劳品牌。换句话说，投资巨大的商业广告偏向于主营业务。这是因为他们通过从市场份额和收益的角度分解销售额的构成因素，发现了提升销售额的关键所在。

> ❶ **要点** 同时关注"市场占有率"与"利润率"。

关键词：分解

分解也会带来副作用

公司中常见的分解案例之一就是部门损益表。它是将公司整体损益表分解到各个部门后制作的数据表。

与关键绩效指标一样，各部门都会关心自己的收益，然后采取相应的改善措施。作为提升业绩的工具，很多公司都在使用关键绩效指标和部门损益表。

但是，这样做有利也有弊。以前面讲的麦当劳为例，顾客数量与顾客消费单价在某种程度上是对立的关系。如果把这两项指标以任务的形式分摊给不同的部门，他们之间就会相互掣肘，反而达不到预期效果。

再比如，按部门编制的损益表会明确记录哪些部门产生了哪些费用，但是该损益表很有可能与实情不符。

在曾经工作过的公司，我看见了某部长就费用分摊问题发表看法："如果其他部门承担费用，我们肯定会去做。"显然，

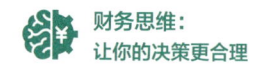

该部长从全局考虑后认为应该去做这件事，但是不想让自己的部门去承担相应的费用。

我说过，通过分解可以让大家致力于自己分内的事。但是，如果过度关注自己，就会陷入局部最合理的陷阱。这一副作用，不论是按部门编制的损益表还是关键绩效指标都如出一辙。

因此在使用、分解这些指标时，请务必注意控制它的副作用。

> ❗ **要点** 务必注意按部门编制的损益表及关键绩效指标，看各部门是否过分注重自己的事情。

第6步

实践篇：将财务思维运用在工作中

什么是性价比高的英语学习法

日本电产在推进公司改革时，其创始人永守重信先生曾发出这样的疑问："我们公司加班的人怎么会有这么多？国外公司的职员工作时间都很短，真是不可思议！"

通过分解加班时间多这个事实，他们发现了两大原因：

其一，管理不到位。这完全是管理人员的沟通问题，他们没有给属下以明确的指示，工作效率也就无从谈起。

其二，与英语水平有关。日本电产70%的业务都是海外业务。英语水平不足导致大家工作起来很费力，在语言沟通上花费了大量的时间。因此，公司要求所有员工都要提高自身英语水平。

我也认为英语水平不足与加班时间的增加有直接关系。

在外资企业中，工作效率低下的人大概分为两种，一种是整体工作能力不足，另一种是英语水平不足。如果员工的英语水平达不到最低要求，那么原本5分钟便可以写完的邮件，很有可能要花费1小时才能完成。从这个意义上说，集团化公司在开展业务时，英语水平是对业务人员的基本要求，而且非常重要。

例如，某人就职于一家正在开展海外业务的公司，公司要求他3个月后拜访新加坡的客户，届时需要用英语发表演说，并回答客户的提问。此外，几乎在同一时期，公司负责人会由外国人接任。虽然公司不会强制员工使用英语交流，但作为公司来讲还是希望员工能够达到用英语交流的水平。

在此情况下，那个人就需要着手学习英语了。然而，学习途径有很多，应该选哪种呢？从财务思维的角度出发，一定要选择性价比高的学习方式。

第1步　分析成本

线下和线上英语口语辅导的每月学费简直是天壤之别。

线上英语口语辅导每期都是3～6个月，每次上课时间为25分钟，10节课的学费为6000日元左右。如果订购课时数超过10次，还可享受折扣价。

而线下面对面英语口语辅导的每次上课时间为40分钟，

每节课学费为7000日元。与线上辅导相比，英语口语辅导的线下时长是线上的1.5倍，但收费却是其10倍。线下英语口语辅导真的物有所值吗？线下英语辅导有很多优秀的讲师，但是重要的是要看你学习英语的目的是什么。

像上文案例中那样，如果学习英语是为"3个月后去新加坡发表演说"做准备，那么能教一些与商务演说相关的英语知识的老师就是能帮你学以致用的好老师。

线上英语能做到这一点。而线下英语的老师大都采用固定课程教学法，很难为学生单独制订教学方案。

不可忽视交通费用和往返学校花费的时间。线下学习会牺牲工作时间和休息时间，还会耽误其他事情，机会成本非常大。因此我们要意识到包含听课费、交通费以及机会成本在内的综合成本问题。

另外，学习英语口语真的能学以致用吗？虽然一些亚洲人的英语发音不标准，但可以听懂。或许了解这个国家的文化有时比学习语言本身更重要，更能促成订单。

做出选择时，就会发生机会成本。如果决定学习英语，就没有时间和精力去学习其他知识。例如，毕业后刚入职的年轻人想要积累工作经验，可能会优先选择学习眼前的业务知识和经验，而不是英语。因此，要根据个人实际情况做出判断。

第2步　捕捉时间差

选择线下英语口语辅导，初始投资平均约30万日元，价格高昂。以财务思维来分析，这样做是非常危险的。无论当时是否去上课，过了期限就不能再去听课了，这就是日本线下英语的授课机制。初始投资拿不回来，就如同工厂建设费，是超级固定成本。

初始投资有变成沉没成本的风险。我们无法预知未来。我们有可能会遇到突然变得很忙腾不出时间去上课；调职到其他地方，不能再去上课了；突然决定换工作，新的公司根本用不到英语等情况。

冷静下来想一下，一次性交纳的英语学费的确是风险很高的投资。当初踌躇满志报名时，并没有准确判断出它的风险，只关注它是否能马上奏效，是否符合学习目的，所以毫不犹豫

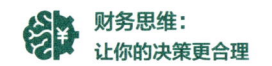

地交了学费。

因为无法预知以后会发生什么，所以即使单次费用成本较高，也要努力避免一次性交纳所有费用，而改为按月交费，这样它就是可变成本了。这样做虽然课时费有所增加，但是一旦无法上课，可以把损失降到最低。

第3步 做比较

尽管财务思维注重定量信息，但是如果忽略定性信息，同样无法得出正确结论。

便宜但没有用的东西一样没有意义。为了3个月后去新加坡做英语演说，线上英语辅导和线下英语辅导哪种最适合，就首选哪种。如果内容上两者差不多，那就选择价格较低的。

想跳槽到迪士尼公司的时候，我报名了线上英语口语辅导，选择了有财务工作经验的老师为我授课。当时，我提出了这样的请求："我想做一下面试模拟练习，请以面试官的身份看一下我的简历，并向我提问。"

我记得先后有20位老师帮我做了培训，向我提了各种各样的问题。通过这次培训我对英语面试已经非常有信心了。因此，能否订制个性辅导方案也是我们选择英语辅导时需要考虑的一大因素。

首先提出所有的可能方案，并设定判断标准。 前文案例中，学到的英语能否立即应用到工作中成为重要的判断标准。为了3个月后远赴新加坡能用英语做演说，需要学习的内容也应该成为重要的判断标准。

在选择线上学习或者线下学习时，我们经常陷入"周围的人都去那里学习，所以选择去那里应该没问题吧"这样的思考误区。例如，朋友A在线下学习英语，那么大部分人都会以此为判断标准，自己也选择线下辅导班。而且如果有人介绍，往往可以享受学费折扣，在成本上也很有吸引力。

但是"大家都去"的想法本身并不能作为判断标准，它最多只能算作一个备选项。

或许朋友A选择线下英语辅导只是为了去美国旅游时能简单对话而已。这一点能否符合你的要求另当别论。不过，如果这个英语口语辅导还有商业口语班，从广泛征集备选项的角度看，可以把它列为备选项。

如上所述，用财务思维决策时，流程为"确定判断标准，广泛征集备选项进行对比"（图6-1）。

能否准确把握判断标准是成功与否的决定性因素，因此我们要想清楚适合自身情况的判断标准。

用财务思维分析营销模式的变化

在过去，业务员必须走访每位客户，宣传、推销产品。拜访客户其实就是去简单寒暄几句、询问近况，然后从谈话中寻找商机。这种做法曾被人们津津乐道。

但是，如今这种做法已经落伍了。事先不了解客户是否感兴趣，就特意抽出时间去拜访，拿出宣传手册给对方看，如果对方毫无兴趣，营销话题便很难进行下去。这种营销模式的效率非常低。

第 6 步
实践篇：将财务思维运用在工作中

第 1 步 成本
- 每节课的学费：
  线下英语口语辅导7000日元>线上英语口语辅导600日元。
- 交通费、往返时间也是成本。
- 工作和休息时间减少（学习英语口语的机会成本）。

第 2 步 时间
- 线下英语口语辅导在报名伊始大都需要交纳30万日元左右的学费（初始投资）。
- 工作太忙，无法听课的风险（有可能变为沉没成本）。
- 线上英语口语辅导可转换为可变成本。

第 3 步 对比
- 分析学习英语口语的目的。
- 判断标准首先是能否订制个性辅导方案，然后是价格（成本）。
- "周围有人去那里学习"不可作为判断标准，该辅导班仅可作为备选项之一。

图 6-1 使用财务思维选择英语口语辅导方式的流程

163

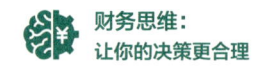

如今公司都有自己的网站，上面列有公司和商品的信息，因此，不用业务员特意去拜访客户，客户在网上就能了解公司情况。当然，那些想了解公司情况的客户自然都对公司产品感兴趣。

反过来说，那些不关注你公司的客户，一般不会对你的产品感兴趣。在他那里无论怎样下功夫，签约率都很低，你做的全是无用功。如今的做法是只向那些对公司产品感兴趣的客户开展营销工作。

第1步　分析成本

以前的营销模式基本上都忽略了人工成本。营销成本中一大半是交通费，但是以财务思维分析，最大的费用并非交通费，而是业务人员的人工成本。

在有限的上班时间内拜访了一家客户，就无法再去拜访别的客户，也就是说会发生机会成本。

鉴于人工成本的重要性，业务人员一定要优先考虑那些合作潜力大的客户。

第2步　捕捉时间差

人们在营销时，一般会使用纸质宣传册和宣传单。这些都属于初始投资。

近年来，越来越多的业务员不再携带这些纸质宣传材料，而是使用平板电脑或者笔记本电脑等移动设备向顾客介绍公司的产品。

移动设备可以根据顾客的需求或会谈情况切换画面，效果非常不错。纸质宣传册能承载的信息有限，有可能因为缺乏客户所需信息而导致错失订单。此时，应该卖出去而最终没能卖出去的产品收益就成为机会成本。

我曾看到某公司的宣传册上用贴纸修改了某项信息，而使用移动设备修改和更新产品信息更方便。印刷品一旦印好，就无法再做修改。即便可以用贴纸解决这个问题，贴纸时产生的相关的人工成本又该如何计算？另外，印刷的促销材料需要保持一定数量，因此需要有人负责管理和补充这些材料，此时也会产生人工成本。

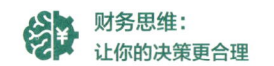

而移动设备不存在这个问题，不会产生人工管理成本。

综上所述，从机会成本和库存管理的人工成本角度来看，近年来使用移动设备的营销模式更合理。

第3步　做比较

哪种营销模式更有效呢？答案需要在实践中寻找。在实际业务中运用不同的业务模式，对比它们的效果后做出判断，这样就能发现不同的营销模式对实际营销额的影响。

在网络营销领域，首先会对A、B方案进行对比测试。在顾客的网络终端中，有的显示公司的A网页，有的显示公司的B网页。这样就可以验证哪个网页更利于销售。如果公司的B网页的销售效果好，那么在实施阶段就会采用B网页。

第4步　分解总量

提升销售额的公式为"访问量×签约率"。但是，并非提高访问量就万事大吉了。

很多营销部门通过分解总量的方法确定部门关键绩效指

标，所以很容易被人误解为单纯提高访问量就可以增加销售额。只提高访问量的效果是有限的。此外，为了提高访问量，采取各种措施进行促销，势必会产生加班费这样的人工费、交通费和资源占用等机会成本。

有位与医院打交道的推销员曾告诉我，早上8点给中小诊所的客户打电话推销最管用。如果在白天打电话，医生和护士往往忙着接诊，根本没时间听电话。但是早上8点，他们都还没有上班，而住在诊所的所长有可能跑来接电话，这样就可以直接向他推销产品。如此，客户的决策会更快更可靠，签约率也更高。

换句话说，这是一种通过提高签约率而不是访问量来提升销售额的方法。

过去是用腿来跑业务，如今人们在忙碌的商业世界中使用数字技术更容易找到潜在客户，因此我们需要转变营销模式，注重营销效率。

当然，只关注签约率而不增加新客户的话，业务也无法发展。如果参加贸易展览会，可以当场与感兴趣的客户洽谈。虽然要交纳展览费，但与你洽谈的客户很可能会跟你签单，此外还能间接节省营销时间和营销成本，因此这是一种行之有效的营销方式。

最近很多公司举办大型活动，他们的目的并不是吸引大量参观者，而是提高签约率，甚至有的公司将签约率纳入关键绩效指标范畴。

三泽房产的销售人员为了发展房屋重建业务，曾举办过空置房屋咨询研讨会，但收效甚微，让人头疼。他们在日本东京都市圈举办的研讨会，来到现场的顾客人数有100~200组，但是研讨会后单独咨询的顾客却只有个位数。

为了避免这种情况发生，应该只让真正感兴趣的人来参加活动。或者说，需要发掘真正关注这项活动的人，提高签约率。

后来，三泽房产宣传他们会分析空置房屋房主的需求，筛选后会纳入研讨会的主题中。这样一来，感兴趣的顾客就多了起来，单独咨询的顾客增加到了十几组，多的时候有20组。

过去的要素分解不适用于当前情况时，财务思维可帮助我们探索更有效的方法。

营销人员用财务思维分析营销模式，可以更有针对性且效率更高地开展营销工作（图6-2）。

第6步
实践篇：将财务思维运用在工作中

第1步 成本
- 除交通费外，还要注意营销人员的人工成本。
- 如果优先选择签约率低的客户，就会损失签约率高的客户的订单（机会成本）。

第2步 时间
- 纸质宣传册是初始投资。
- 纸质宣传册更改、更新、保管等需要花费时间和精力，增加了人工成本。
- 除纸质宣传册外还可以使用平板电脑等移动设备，随机应变地牢牢抓住签约机会（防止发生机会成本）。

第3步 对比
- 实测各种营销模式后，对比其结果。

第4步 分解
- 分解：销售额=访问量×签约率。
- 提升访问量，不一定会有效果（比如产生加班费等人工成本、错失其他营销活动的机会成本，产生交通费等）。
- 重视签约率，积极实践，探索可加速签单的营销模式。

图 6-2　用财务思维分析营销模式的变化

財务思维：
让你的决策更合理

如何看待简易邮包业务的引进

邮局推出了简易邮包业务。人们只需购买专用信封，无须运费，物品只要能放进A4纸大小的信封里，不超过4千克就可以成功投递。

直接送到收件人手里的"简易邮包+"收费520日元，送到收件人信箱的"简略版简易邮包"只需370日元（2019年12月数据）。两者都可以追踪邮包配送信息，安全可靠。

表面上该项服务的资费是普通邮件服务的许多倍，有些不划算。但是，最近越来越多的公司却开始使用该项服务。

原因多种多样，其中最主要的原因是，在寄送形状和重量不一的物品时可以省去称重、贴邮票的流程。因此，我们需要从多个角度分析引进价格偏高的简易邮包服务。那么，我们以财务思维应怎样看待这项服务呢？

当然，有些公司肯定会想："如果不用邮递，所有资料都用电子邮件，快递业务肯定会减少很多，能省下一大笔费用。"但实际上，没有一家日本公司能彻底做到这一点。

在这一案例中，假如我们还是接着寄快递，那么在不给收件人造成不便的前提下，应该怎样降低总运费成本呢？

第1步　分析成本

公司管理部门中有人力资源和会计等多个部门，其中最为繁忙的是总务部。在总务部的各项工作中，最耗时间的就是寄送快递。

一些大公司在寄送物品时可以不贴邮票，在下个月一次性月结。但是，大多数公司都需要自己贴完邮票后才能寄出。所以总务部负责这项工作的人每天的工作任务非常繁重。

总务部的职员首先要测量寄送物品的尺寸和重量。常规物品可以贴上票额合适的邮票拿到邮局寄出，但是非常规物品也很多，这些物品需要速寄或挂号，这时，需要先查询费用，然后组合粘贴各种票额的邮票。这样就发生了剪切邮票，并贴到信封上的人工作业成本。

这样的特殊邮件如果只有1件还好说，如果有10件，这样

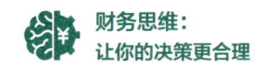

的作业就要重复10遍。而且,不管当天需要寄走1件还是100件,工作人员都要把邮件投到邮筒或者拿去邮局,这样的工作日复一日,年复一年。

邮费查询是件琐碎且不断重复的工作,需要根据邮费总额不断组合粘贴各种票额的邮票。此外仓库需要备足各种面额的邮票,以满足不同种类快件的需求。如果邮票快用完了,还要去邮局购买。日本市中心的邮局非常拥挤,经常要花费半小时或者1小时排队。

邮寄的物品越多,邮寄的非常规物品越多,所花费的时间越长,所耗费的精力越多。这就意味着经常产生超级固定成本,即人工成本。

表面上看好像只产生了"邮费"和"信封费"这两种成本。但是,我们用财务思维意识到工作人员的人工成本其实就是机会成本。这些琐碎的、非生产性的工作耗费了总务部职员大量的时间。原本在这些时间内,总务部职员可以干些其他工作。

因为总务部职员对公司情况非常了解,所以除查询邮资以外，还有很多其他工作只有总务部职员才能完成。过去，在日本职场中一直存有这样的陋习，领导会认为"让员工加个班就可以做完了""让员工不断工作，不设时间上限"。但是时代已经变了，在有限的工作时间内，必须优先考虑价值最高的工作。

另外，从总务部职员的时薪考虑，运费成本也很高。如上所述，公司的人工成本平均为每10分钟600日元。如果需要3分钟来测量邮件的大小和重量，查询邮资，取出邮票并贴好，产生的机会成本约为200日元。

通常情况下，邮费会根据物品体积和重量而变化。但如果使用专用信封，不论重量如何，都可以顺利寄走。物品越重、越大，使用这项服务越能节省机会成本和邮寄成本。

使用简易邮包邮寄物品时，只要能把物品装进信封，不用确认邮资就可直接寄出。特别是员工在繁忙的工作一线寄件时，不会出现因邮资不足导致收件方补交邮费的问题。即便邮寄物品还要经手总务部，负责人也只需将邮件投递到邮筒即可，工作量大大减少。

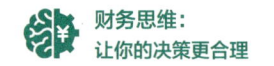

如果仅看表面成本，贴好邮票然后寄出去似乎比较便宜，但是从财务思维考虑机会成本时，使用简易邮包更划算。

没有使用简易邮包服务的公司，大概是因为觉得"邮费贵"，下不了决心。实际上，表面上的成本的确会增加，有时可能翻倍。但这样一来，可以把总务部负责这项工作的人从繁杂的寄送业务中解放出来，他们每天的加班费会减少很多，节省下来的时间还能让他们从事生产性工作，增加附加值。所以说，仅对比表面上的邮费，很难做出正确的判断。

第2步　捕捉时间差

使用简易邮包邮寄物品后，公司不再需要购入大量的备用邮票。从时间的角度看，也是利大于弊。

许多公司持有大量邮票。如果使用传统的邮寄方法，则需要准备各种面值的邮票。与制造公司的特殊零件一样，即便没有像主要零件那样频繁地使用各种面值的邮票，一旦缺货也会造成问题，因此公司不得不持有多种面值的邮票。

此外，商务人士往往工作繁忙，越忙就越关注时间效率。

因此，各个公司都尽量想办法避免在拥挤的邮局排队买邮票。只要邮票不会腐烂或贬值，大都会一次性买齐。

但是，邮票需要放在保险柜中，很占地方，因为日本的邮票可兑换现金，存在被盗或挪用的风险。更重要的是，持有的邮票如果不能很快用完，就相当于很多资金处于"深度睡眠"状态。而这些资金如果用于投资，或许还能得到一些收益。公司购买邮票后，就丧失了收益机会。

之前讲过，在财务管理中，库存会导致资金固定化，因此公司应减持库存。以此类比使用简易邮包可以省去保管各种面值邮票的麻烦，优点多多。

第3步　做比较

更重要的是如何正确选择做比较的对象。

人们往往喜欢对比同一个项目。在引进"简易邮包"的案例中，人们喜欢拿普通邮件的邮费对比简易邮包的服务费。很显然，这种对比忽视了邮寄费之外的人工费等机会成本。在财务管理中，如果不考虑包含机会成本以及库存导致的资金固定

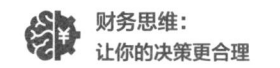

化在内的所有问题，管理人员就无法做出正确的判断。

此外，除了总务部，管理人员还要考虑公司整体的成本问题，这样才能做出正确的判断。公司规模越大，寄送的物品就越多。委托部门与总务部之间沟通时，有的公司需要填写申请书，有的公司甚至还需要领导签字。

不论是委托方还是发件方，都会花费时间和耗费精力，而这些麻烦本可以避免。因此，这些成本也需要纳入公司成本对比范围，否则就无法得出正确结论。

第4步　分解业务流程

用财务思维思考问题的方法之一就是分解业务流程，并换算为金额进行验证。

如果你在总务部负责收发邮件，会不会觉得这么琐碎的工作干不下去了？换作是我，也会这样想。

工作时，负面情感往往会"跑"在最前面。那么，此时就需要分析一下，自己为什么会干不下去了，以及哪部分使你干不下去了。通过这种方法分解一下自己的情绪。

第6步
实践篇：将财务思维运用在工作中

因为去邮局要等很长时间，感到不舒服？讨厌剪切和粘贴邮票的烦琐工作？因为测量邮件的重量和尺寸太耗时间？

如果是这样，请珍惜这种感受，并把它当作发挥财务思维的机会。这种感受也是遇到不合常理的事实时的一种心理表现。不合常理，经常意味着对成本的认识模糊不清。

如果能利用财务思维正确认识成本，那么世间所有问题都会迎刃而解。在这个案例中，简易邮包就是答案。简易邮包服务从发布之日起，在不到十年的时间里发展到如此规模，也恰恰证明了这一点。

在分解业务流程前，我们应先仔细分析哪些工作会消耗时间和耗费精力，哪些工作内容不合常理，然后将它们转化为数值，纳入对比范围。

预估一下公司发出的邮件中有多少可以使用简易邮包，然后计算成本变化，对比之后决定是否把简易邮包业务纳入考虑范围（图6-3）。

我认为推出简易邮包业务的邮局，在这之前应该已经把寄件人的机会成本等问题考虑在内了，在可行性研究上下足了功

第 1 步 成本
- 在利用简易邮包寄送非常规物品时，公司可以节约邮费、信封费和人工成本，事实上比较划算。
- 非常规物品发件时手续繁杂（测量尺寸、重量，确定邮费金额，贴邮票等），总务部花费人工成本（机会成本）。

第 2 步 时间
- 购置多种票值的邮票，初始投资导致资金固定化。
- 邮票可兑换现金，为了预防丢失或挪用，需要购置保险柜等设备。

第 3 步 对比
- 不要仅从邮费上对比，还应从机会成本、资金固定化等多个角度整体把握成本状况。
- 关注包括各业务部门在内的公司整体成本。

第 4 步 分解
- 关注自己干不下去的原因，探究业务流程中哪些工作比较麻烦（人工成本）。
- 预估可以换成简易邮包的数量。

图 6-3　用财务思维分析简易邮包业务的引进

夫。当然，也并不是说所有公司都适用这种服务。

但是，如此多的企业使用这项服务，足以证明原先的寄送方式给发件人带来了很多不必要的麻烦。

如何看待取消公司业务用车，改用共享汽车

在过去，公司大都配备单位用车和业务用车。20世纪60年代随着租赁市场的发展，日本越来越多的企业不再保有公司车辆，而是长期租车来用。特别是1991年日本经济泡沫破裂后，汽车租赁业务发展突飞猛进。这样做，可以有效抑制企业初始投资，这种方式使车辆使用成本明显降低。1991年日本汽车租赁市场的车辆数为126万台，而2020年日本汽车租赁市场的车辆数达到373万辆，数量增长明显。

同时，公司的成本意识逐年提高，开始关注汽车租赁费与使用频率是否合适。公司租车除了要支出租赁费，还要交纳保

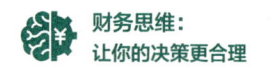

险、年检、车辆定期维护与保养费、停车费和燃油费等。近年来，越来越多的公司在考虑减少这种高额的车辆运行成本，所以公司对共享汽车的需求有所增加。

下面，我们看一下新引进的共享汽车的情况。思考一下，从财务思维角度来看，它能带来哪些好处。

第1步　分析成本

业务用车、单位用车等公司车辆会产生车辆购置费用、燃油费、维护保养费、停车场租赁费和车辆管理人员的人工费。

而签订长期租车合同时，公司无须一次性付清车款，而是以租赁费的形式分3～5年支付。不过，其他费用比如燃油费、维护保养费、停车场租赁费等与公司自有车辆所需费用没有任何区别。公司也可签订包含维护保养费在内的租赁合同，不过在这里为了更清楚地说明成本问题，我们只考虑不包括维护保养费的租赁车辆。

总务部主管车辆业务的人员，对于公司自有车辆和长期租赁车辆在管理方面的人工成本没有什么变化。而人工成本是固定成本，在财务管理中属于应尽量回避的成本。

能解决这个问题的方法就是使用共享汽车。这样一来，可以将员工从车辆相关业务和停车场相关业务中解放出来，使用时再付费。

只对比租赁费和共享汽车使用费的话，你会发现共享汽车的使用费更高。但是，有调查显示，每个月只有几十个小时需要用车的话，还是共享汽车更便宜。此外，如果公司位于城市中心，停车费会非常贵，所以综合考量，还是共享汽车更划算。

第2步 捕捉时间差

如果公司配备单位用车和业务用车，即使削减员工人数或者业务部门的人数，车辆也不会马上减少。购置后再卖出，不仅花费时间和精力，而且很难按照预期价格卖出。

另外，不同于短期租赁，签订长期租车合同之后，实质上该车辆在合同期间内只能被承租方使用，不可转租给他人，所以在解约时，承租方必须补足全额租赁费。从这个意义上讲，

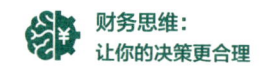

这种方式与公司自有车辆并无差别，用不上的车辆也会持续产生成本。也就是说，初始投资或固定成本形成后难以调整，无法灵活应对各种变化。之前讲过，在财务管理中应尽量避免产生初始投资和固定成本，为了应对不确定的变化，公司应考虑如何把损失降到最低。而共享汽车解决了这个问题，我们在需要时租下它即可。这样一来，固定成本转化为可变成本，可以灵活应对未来的不确定因素，这是共享汽车的最大优势。

第3步　做比较

在这一步我们需要综合考量人工成本问题。

签订合同租赁车辆后，总务部需要安排专人负责承租期间的车辆管理、合同更新、停车场管理等工作，公司自有车辆更是如此。不论哪种方式，在车辆年检、定期检查保养、车辆维修、事故处理方面，总务部专管人员的工作量都不会减少。

如果是大企业，甚至可能需要设置车辆管理专员。但是，中小型企业拿不出充足的预算安排专人负责车辆管理。达不到一定的工作量，就不会聘请车辆管理专职人员。也就是说，小规模公司不得不在业务间隙管理车辆业务。

为了避免此类烦琐的工作，最好通过共享汽车将业务外包，公司可以用低成本获得专业服务。

不过，行驶距离长的话，共享汽车的费用就会变得很高。此时就要对比租车和共享汽车的使用成本了。

前面讲过，用财务思维思考问题时，要全面考虑所有可能的备选方案。公司很少选择短期租车，其中的原因值得思考。

个人在用车时会对比共享汽车和短期租车哪个更划算，但公司在用车时往往不会考虑短期租车。这是因为，公司在办理短期租车业务时手续繁杂、效率低下。

商务人士去偏远的乡下出差时大概会在火车站办理租车业务，但在平时一般不会考虑。这是因为，租车地点往往集中在车站附近，可租用的车辆也不多，所以在想用的地方、想用的时间内不一定能租到车。

另外，租车、退车的手续只能在汽车租赁公司的工作时间办理。为了能租到车，商务人士需要提前几天预定。因此在商务活动中，短期租车并不方便。

最近有人担心越来越多的公司使用共享汽车将导致共享汽车资源紧缺，自己想用的时候可能用不到。在东京的千代田区和港区，汽车共享业务量正以惊人的速度增长，经常看到商务人士使用共享汽车穿梭于城市中。

然而车辆短缺的问题并未产生。因为一旦出现这种情况，共享汽车的运营公司会丢失大量的企业客户，所以他们会很快补充车辆，保障大家的正常出行。我认为在很长一段时间内共享汽车都会保持汽车租赁市场上的优势地位。

第4步　分解成本总额

如果不把成本总额分解为使用率和使用时间，依旧从成本总额来看问题，那么在选择使用哪种用车方式时就很可能出错。

如果不清楚谁在什么时候用车、每个月用几次等信息，就很难说共享汽车优于其他用车方式。如果每天都有人用车，那么公司自有车辆或者长期租车更有优势。

尤其是在日本的郊区，电车等公共交通远不如市中心发达，道路也不拥堵，而且也不必担心停车场问题，位于郊区的公司选择自有车辆或长期租车更为合适。

市中心虽然公共交通发达，但是有的时候必须用到汽车，这使得城区共享汽车业务快速发展，设施完善。另外，我看到报纸上的一篇报道，在台风来袭、公共交通陷入瘫痪状态时，像医生等无法在家休息的人都会临时选择共享汽车出行。

财务思维可帮助我们轻松分析和选择公司用车方式（图6-4）。

我并不是说，使用财务思维分析后，推荐大家使用共享汽车。用财务思维进行分析时，我只是将共享汽车作为一种选择，为大家进行准确判断提供选项而已。

有的公司适合使用共享汽车，有的公司适合使用自有车辆或长期租车。

在城区偶尔使用，又或有突发性用车需求的公司，建议使用共享汽车。至于其他地区的公司，需要根据实际情况灵活选择。

第1步 成本
- 从总务部的工作量、人工成本角度看，自有车辆与长期租赁车辆并无太大差别。
- 共享汽车单位时间的使用费偏高，但每月只用几十个小时的话，总费用较低。

第2步 时间
- 自有车辆初始投资大，长期租赁车辆受合同约束，无法解约，属于固定成本。
- 共享汽车的相关费用是可变成本。

第3步 对比
- 自有车辆、长期租车、共享汽车、短期租车4种可能的备选项。
- 短期租车服务网点少，需提前预约，公司难以使用，可以排除。
- 事无遗漏地掌握总务部需要完成的工作内容，准确核算人工成本。
- 中小企业很难安排专人管理车辆。

第4步 分解
- 使用率和使用时间等信息，对于做出判断必不可少。
- 公司在郊区还是城区？提前了解使用范围。

图 6-4　用财务思维分析公司用车方式

财务思维要求我们收集适当的信息，例如当前利用率等，然后进行对比分析，最后做出判断。

从财务思维角度看共享办公室

有的公司喜欢不断更换办公场所。当然也有些公司会根据业绩好坏决定办公场所，业绩好的时候就搬到租金较高的地方，业绩不好的时候就搬到租金较低的地方。那么，他们有正确的成本意识吗？

从时间方面看，他们的搬家时机并不合理。公司在业绩恶化后决定搬家，实际搬走的时间却是半年或者一年后。在此期间，业绩如果持续恶化，公司就会倒闭；如果业绩有所回升，公司就不需要搬走了。但问题是一旦告知房东要搬走，房东就会去找下一个承租人，这种情况下即使公司情况好转，不愿搬走，也不得不搬走了。

共享办公室因为具有机动性和灵活性的特点而广受关注，那么从财务思维的角度看，共享办公室划算吗？

第1步　分析成本

租赁办公室时，如果签订普通的房屋租赁合同，需要交纳押金、保证金和房租。如果是毛坯房，还需装修和置办各种办公设备，这些都是初始投资。而短期租赁的话，办公室设备齐全，公司员工可以直接搬入办公，搬走时恢复到搬入状态即可。也就是说承租人购买的是某段时间内在此停留的权利。共享办公室也是如此，设备、设施完备，员工搬入后即可投入使用。

租用共享办公室时，双方签订的不是不动产租赁合同，因此不需要交纳较高的押金和保证金。承租人只需交纳相当于3个月房租的押金即可，而且还有很多免费项目，所以前期的初始投资得以降低。

下面两种类型的公司需要降低初始投资。

一种类型是手头资金不宽裕的公司。如果租用普通办公室，需要交纳相当于6个月房租的押金，此外还要购置其他办公设备，因此需要投入较多的资金。如果公司资金紧张，使用共享办公室就再合适不过了。

另一种类型是处于创业阶段、发展前景不明朗的新公司。公司有可能倒闭，也有可能快速发展。不论哪种情况，初始投资都很有可能变成沉没成本，因此他们会尽力避免初始投资。

共享办公室的劣势是每月使用费偏高。共享办公室的运营方将房租变为可变成本，把承租人初始投资减少的部分以使用费的形式回收。而类似上面提到的两种公司的承租方，他们使用共享办公室后交纳高额使用费，降低初始投资。

反过来说，如果公司资金充裕、预期收入稳定，通过普通的租赁合同租赁办公室会比较划算。这是因为虽然房租是固定成本，但每月交得少，所以总成本较低。

第2步　捕捉时间差

如前所述，可以减轻初始投资负担是共享办公室的优势之一。初始投资是超固定成本，应该尽量避免，这是最典型的财务思维。

新事业如果成功了，业务就会快速发展；如果失败了，就要全身而退。为了应对可能出现的这两种情况，公司把房租转化为可变成本更为妥当。

如果是公司管理部门，可能会认为在没有投资回报的初始阶段，不应使用房租较高的共享办公室。但是，从财务思维角度来看，公司应回避的是长期固定成本而非高房租。因为一旦成本固定，公司就不能灵活做出决定。从财务思维的基本观点来看，公司应该时刻准备止损，不受固定成本束缚。

使用会计思维思考的人，会被从未见过的高额房租吓坏，无法从时间视角来分析问题。因此，大概会签订房租比较便宜的普通租赁合同。这样一来，公司要想搬走需至少提前半年告知房东。即使公司现在想立即搬走，也还需给房东支付半年的房租。

使用共享办公室的话，一般情况下公司可以在短期内搬走。从这个意义上说，公司避免了成本的固定化。财务思维认为解除合同需要的时间越短，遇到不测事件时遭受的损失就越少。

第3步 做比较

WeWork[①]为不同的公司提供共用工作空间。从财务思维的角度看，共用工作空间比起普通办公室更具优势，除此之外，它还具有创新中心的功能，从而受到人们的青睐。聚集到WeWork的成员可以在这里发现新的商机，因此创业者们纷纷会集到了这里。

WeWork员工还可提供匹配业务，为承租人介绍合租者。公司在选择办公室时，这些个性因素都应考虑在内。

此外，共享办公室的位置也是重要的考虑因素。从公司角度来讲，总公司在哪里会直接关系到外界的评价。日本的初创公司大都集中在东京的涩谷、五反田地区，最近也有一些初创公司开在了东京的田町地区。而金融机构的总公司大都集中在东京的大手町和丸之内地区，因为这些地方能让人联想到公司具有较强的品牌和实力。位于较好地段的共享办公室，与其他

---

① 在全世界范围内为人们提供社区型工作空间的公司。——译者注

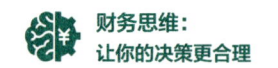

地区相比，即使办公空间和设备相同，使用费也会高出很多。

除成本外，这些附加价值也是选择办公室时重要的判断标准。

> **小贴士** 向上司提案时需要注意的要点

近年来，越来越多的大公司成立新业务开发部，与初创企业联合开展新业务。如果你负责公司的新业务开发工作，计划在公司外面成立办事处，那么怎样提案才能得到上司的批准呢？

在普通公司，要想得到上司的批准，需要注意以下3点：

①预算问题。

②投资与成效。

③风险管理。

预算问题是指你所提交的方案是否在公司的年度预算范围内。这一点非常关键，直接影响公司内部是否会审批通过你的方案。如果在公司的预算范围内，也就是说方案已经在预算阶段得到了公司的认可，就比较容易获得上司的肯定；如果是在公司的预算范围之外，情况就完全不同了，因为成本超预期时，大部分公司都需要慎重考虑（图6-5）。

投资与成效，就是第4步中讲过的内部收益率。如果内部收益率高于门槛收益率，就说明投资效果好。

风险管理就是指第4步中讲过的方案模拟。方案在最坏的情况下损失会有多少，能具体到数字的话，上司就会很容易批准。

为了让公司通过你的方案，预算管理显得尤为重要。

在编制预算时，你要全面梳理成本项目，谨慎检查有无金额错漏。一旦方案得到上司批准，就要正确把握其金额和内容。

上司往往会将新方案与业界平均水平或同行业其他公司进行对比。上市公司这样的大企业，在规模上很难找到与之匹敌的对手，所以往往会比照预算情况或本公司前期项目情况。不过，大部分中小型企业都采用与"其他公司"对比的方法。因此，你要确保自己的方案能高于业界平均水平。

那么，具体到在外设立办事处这件事，你可以向上司列举

第 1 步 成本
- 租用办公室或共享办公室可以减少押金、设备等初始投资。
- 特别适合手头资金不宽裕或者发展前景不明朗的公司。
- 但是共享办公室的月租比较高。

第 2 步 时间
- 共享办公室可以避免初始投资的资金固定化问题。
- 普通的房屋租赁合同经常因通告期限问题需再支付半年房租。
- 共享办公室几乎可以随时搬离,所以公司产生的损失少。

第 3 步 对比
- 选择项有普通的房屋租赁、出租办公室和共享办公室。
- 将帮忙介绍合租人的公司(WeWork等)、可提升公司形象的地段等因素也纳入判断标准。

图 6-5　从财务思维角度看共享办公室

一些采用相同做法的其他公司的事例。

如果你是管理者，记住这些要点，即便在自己不擅长的领域，也能在某种程度上做出判断。如果想得到公司批准，你就应精通这些要点。

> **小贴士** **如何让提案通过**
> ①检查提案是否在预算内。
> ②检查提案是否有投资效果（内部收益率是否高于门槛收益率）。
> ③为提案做风险管理（模拟项目会出现的最坏情形）。

制药企业在印度免费提供治疗药物是否合理

为了促进经济和社会的可持续发展，联合国制定了联合国可持续发展目标（Sustainable Development Goals，

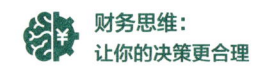

SDGs）。该目标共有17项，涉及贫困、教育、气候变化等问题，文件呼吁大家共同努力，争取在2030年前实现这些目标。如果你看到有商务人士的衣领上别着17色的圆形徽章，就说明他所属的组织正在参与联合国可持续发展目标的项目。

自2013年以来，药品制造商卫材药业有限公司（Eisai）一直在印度一家工厂生产用于治疗淋巴丝虫病的药物，并在全球范围内免费分发该药物。此外卫材药业有限公司还承担将药物运送到每个地区的费用以及为患者举办药物说明会的费用。

淋巴丝虫病是通过蚊虫叮咬感染人体的寄生虫病。患者的腿部会极度肿胀，像大象腿一样粗，有的患者会有并发症甚至死亡。在亚洲和非洲等地有54个国家和地区中约10亿人面临感染风险。

卫材药业有限公司宣布在2013—2020年免费提供22亿片治疗淋巴丝虫病的药，并声称这是一项业务，而不是社会贡献。

实际上，早在2018年卫材药业有限公司的首席财务官就表示"从管理会计的角度看我们已实现了盈利"。那么,从财务思维来看这项业务合理吗?

第1步　分析成本

在思考这种举措时,最重要的一点就是全面把握成本的"范围和动向"。

卫材药业有限公司首席财务官虽声称已实现盈利,但直到2020年年初,该药品都要免费提供,所以到现在该药品仍没有销售收入。那么,他怎么会说已实现盈利了呢?关键之处是他在发言中提到的"管理会计"。

管理会计在广义上可以理解为财务管理的同义词。也就是说,从财务管理的角度看,卫材药业有限公司已实现了盈利。之所以这样说,是因为成本削减带来的效果隐藏在发放药物这一行为中。

效果之一就是品牌化的成功有稳定人才的作用。卫材药业有限公司免费分发药品,牢牢树立了公司在认真对待社会问题方面的形象。越来越多的人希望在这样一家优秀的公司工作。

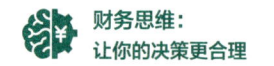

优秀的人才慕名而来，人才招聘相关的成本大幅减少。已在公司就职的员工也会长期留在公司，较低的离职率可以节省人员交替带来的雇用成本。因此，总体来看，人工成本大幅降低。

首席财务官之所以那样说，是因为他将这些削减的成本计入投资成本回报之中。

虽然没有销售收入，但是人才稳定后节省的人工成本要高于免费药物发放所需成本。这一点，是使用会计思维去思考的人难以想到的。

从该首席财务官在2018年就宣称比当初预期早两年收回了成本这件事可以看出，人工成本的削减对于企业经营来说至关重要。虽然不太清楚印度有关劳动方面的法律，但是我想不论在哪个国家，人工成本作为固定成本的性质不会改变。从这个事例可以看出人工成本非常重要。

会计思维和财务思维关于盈利和亏损的看法是不同的。如果仅从会计视角来看，首席财务官对于免费药品发放活动大概很难做出正确的评价。

第6步
实践篇：将财务思维运用在工作中

第2步　捕捉时间差

诸如印象笔记这种刚进入市场的服务，一开始大都采用免费服务的形式。一旦用户想要更深层地使用该服务，或者想获得更好的用户体验时，服务就变成了收费项目。首先让大家放心去用，建立用户对品牌的忠诚度。一旦用户依赖该服务了，就会收取费用。这样的做法正在成为主流模式。

卫材药业有限公司的做法也是如此。免费提供药物的目的是先行占领市场。首先，让用户成为公司的忠实客户。因为药物直接作用于人体，不能随意替换成别的药物，所以让患者使用公司的药品后，这种药品就有了很大的市场优势。

一般来说，企业为了"让消费者使用公司的产品，以及持续使用该产品"，往往会投入大量成本。制药公司开拓市场的关键就是让大家尝试使用公司的产品。因为一旦患者适应了药物，一般都会接着用下去。

从财务管理角度看，免费药物发放时间虽长达7年，但是其性质却相当于初始投资。我们可以把免费发放药物这一行为

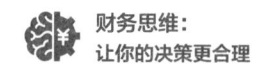

定位为前期投资，目的是免费发放期结束后实现一定的销售收入。已实现盈利，说明卫材药业有限公司谙习财务管理中缩短回报期这一要点。

制药企业的特征之一就是前期会花费巨额研发费用，而后期生产制造相关的人工成本和原材料成本却相对较低。制药企业的生产制造成本约占总成本的25%，而其他行业的生产制造成本一般都占总成本的40%左右。因此，制药企业免费发放22亿片药所需成本远远低于其他行业。

也就是说，从成本构造的特征上看，这样做可以有效控制初始投资的金额。如果为了开拓市场一定要进行初始投资，下一步公司要做的就是努力减少初始投资的金额，这一点符合财务管理的基本原理。

第3步　做比较

免费发放药品的制造成本一定要理解为替代人工成本、雇用成本或广告费用的成本。因为如果不实施这样的计划，那么在印度销售这种药就必须投入大量的广告费用和促销费用。与其将免费发放药品的制造成本用在广告费上，不如免费为患者服务，这样还能获得较高的社会评价。因此，卫材药业有限公司肯定是在综合比对各种方案后做出了免费供药的决定。制药企业肩负着社会责任这一特性，在此处成为重要的判断标准。

同样的做法，不同的企业来做，并非都有效果。假如某饮料企业为消费者免费提供糖分非常高的清凉饮料。刚开始，消费者可能很高兴，但是这种做法并不能给他们留下强烈的印象。而且时间一长，各种问题显现出来，有可能引发大家的不满和反对。该企业很可能需要投入大量成本来弥补对社会的不良影响。

卫材药业有限公司连续7年为大家免费发放药物，的确是很有新意的做法。在做出这一决定之前，卫材药业有限公司需要广泛收集各种方案。另外，设定正确的判断标准对于决策来说也是非常重要的（图6-6）。

财务思维：
让你的决策更合理

第 1 步 成本
- 从"管理会计（财务管理）"角度看问题，实现盈利。
- 有稳定人才的作用，人工成本等相关费用减少。

第 2 步 时间
- 采用了先让大家使用公司产品，占领市场这一战略（与印象笔记的做法相同）。
- 从性质上说，药品无偿提供期间发生的成本是"具有战略意义"的初始投资。
- 制药企业的制造成本较低，这样做可以减少初始投资的金额。

第 3 步 对比
- 制造成本代替了人工成本和广告费用。
- 社会评价也是判断标准之一。

图 6-6 从思维角度分析制药企业在印度免费提供治疗药物的合理性

结束语

"如果早能这样想，后面就不用太辛苦了。"

第一次了解财务思维时所受的冲击，我至今记忆犹新。那是10多年前，我在麦当劳上班时发生的一件事。

我亲眼看到临近结算日期时，麦当劳公司所有人员都禁止出差，会计师在结算期间不厌其烦地检查账单和发票，查看是否有纰漏。大家都在努力达成公司的利润目标。但是因为项目已经展开，很多账目无法调整，大家都很焦躁。

这件事使我恍然大悟，认识到了财务思维的积极性和健全性。它不但不会影响公司事业发展，相反有很大的促进作用。

我之所以选择去华特迪士尼日本分公司应聘，正是因为我听说它在财务思维方面理念先进。

说句不符合会计师身份的话，我认为财务思维是一种"合法的粉饰"。

会计数字确定之后再去进行人为调整，在法律上是不允许的。但公司使用财务思维去推进项目的话，可以毫无负担、毫无争议地获得自己想要的数字。

财务思维能创造未来，我发自内心地喜欢它。写本书是为

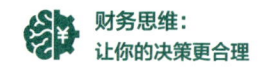

了帮助商务人士更好地理解财务思维，使他们在工作、生活中能做出更好的选择。如果能帮助会计或经营策划人员为业务部门建言献策，就再好不过了。

平时，我给会计人员等跟数字打交道的专业人士做讲座或咨询时，经常听他们抱怨："业务部门的销售人员无法理解我们的做法，他们不会配合我们的工作。"

我本人在公司就职时，也有过很多次这样的经历。但是最后我们通过使用财务思维解决了问题，与业务部门的销售人员相互配合，很多项目都取得了不错的成绩。

只要了解一些财务管理方面的知识，就能让你工作顺利，公司也会取得更大的发展，自己也能快乐地投身于工作之中。

真诚希望本书能帮助在公司中各司其职、努力工作的人跨越认识上的鸿沟，取得更好的成绩。

最后，对神吉出版社的山下津雅子女士、协助执笔的新田匡央先生表示真挚的感谢。与两位的交谈使我受益匪浅，在两位的帮助下，本书最终得以顺利出版。

另外,还要由衷感谢我的先生,从准备题材到审校原稿,他都付出了很大努力;感谢我的孩子们,陪伴我快乐地度过了每一天。

梅泽真由美